selected VIENNA

2

selected VIENNA

Barbara Mayer (Text)
Sophie Kirchner (Fotos)

deutsch / english

WUNDER GARTEN

4

Symbole in diesem Buch
Symbols used in this book

rein vegan exclusively vegan

rein vegetarisch exclusively vegetarian

pflanzliche Milch verfügbar plant-based milk available

bio organic

fair gehandelt fair trade

Inhaltsverzeichnis / *Table of Contents*

SPECIAL: ***Recommendations by Locals***

makro 1

Vegetarian Grocery & Restaurant With a Charming Patio

sehr schön, sehr alternativ

In einem kleinen, efeuberankten Innenhof mitten in der Inneren Stadt gelegen, bietet der vegetarische Bioladen *makro1* täglich einen veganen Mittagstisch an. Auf die Auswahl rein biologischer, saisonaler und regionaler Zutaten wird dabei großer Wert gelegt, die Speisen sind außerdem von der Makrobiotik inspiriert. Nach der Hauptspeise kannst du dich köstlichen veganen Kuchen und Raw Food Nachspeisen hingeben und dazu Bio Fair-Trade Kaffee genießen. Das Mittagsmenü gibt es zwischen 11.30 und 15.00 Uhr, aber nur solange der Vorrat reicht.

Located in a shady, old ivy-covered patio in Vienna's city centre, the organic vegetarian food shop makro1 *offers daily vegan lunch specials. The owner puts great emphasis on choosing only organic, seasonal and regional ingredients, and the dishes are also inspired by a macrobiotic diet. After lunch, you can enjoy delicious vegan cakes and raw deserts while sipping a cup of organic fair-trade coffee. Lunch is available from 11.30 am to around 3 pm, depending on how long the daily dish lasts.*

Web: **makro1.at**
Adresse: **1010, Fleischmarkt 16**
Tel: **+43 (0)1 5131 947**
Öffnungszeiten: **9.00-16.00 Mo-Fr**

makro 1
7 Jahre
makro 1
Kochkurse vegan
Di, 28. April
Japanische Spezialitäten
Anmeldung im Geschäft
www.makro1.at

10

Veggiezz

The Broadest Vegan Variety in Town

Vom Kaffee bis zum Burger ist in den beiden *Veggiezz Dining Rooms* alles rein pflanzlich und stammt zu einem großen Teil aus Bio-Anbau. Das helle Flagship-Restaurant im 1. Bezirk erstreckt sich über zwei Stockwerke und ist mit einem charmanten Mix aus Shabby Chic Möbeln und Industrial Deko eingerichtet. Die riesige Auswahl reicht von Pasta und unterschiedlichen Bowls über vegane Steaks und Quinottos (Quinoa-Risottos) bis hin zu rein pflanzlichen Nachspeisen. Ob du dich auf Jute-Sitzsäcke in die gemütliche Kaffee-Ecke zurückziehst oder lieber klassisch auf Stühlen oder Barhockern speist, darfst du dir natürlich aussuchen.

From coffee to burgers, the two Veggiezz *dining rooms offer a menu that is plant-based and almost entirely organic. The flagship restaurant in the 1st district takes up two storeys and sells a wide variety of food, from pasta and different bowls to vegan steaks and quinottos (quinoa risottos) to vegan desserts. Deluxe (fast) food with nearly endless choices.*

Web: **veggiezz.at**

Adresse: **1010, Salzgries 9**
Tel: **+43 (0)1 3820 011**
Öffnungszeiten: **11.00–23.00 Mo-Fr**
12.00–23.00 Sa, 12.00–22.00 So

Adresse: **1090, Alserbachstraße 30**
Tel: **+43 (0)1 3101 997**
Öffnungszeiten: **11.00–23.00 Mo-Fr**
12.00–23.00 Sa, 12.00–22.00 So

Vegan Dining Room
Quinottos
100% Vegan
Super Healthy Bowls
Burger ♥ Glutenfree option ♥
Homemade Desserts
You are what you eat
Veggiezz

BULLEIT FRONTIER WHISKEY
BULLEIT FRONTIER WHISKEY

Miznon Vienna

Neo-Israeli Street Food

Ob im Ganzen gebratener Karfiol mit goldbrauner Kruste (nach Geheimrezept), ausgefallen gefüllte Pitas aus fluffigem Teig oder scharf angegrillte „Brokkoli-Bäume“ – im *Miznon Vienna* bekommst du israelisches Street Food jenseits von Hummus und Falafel. Die Zutaten, die sich in Regalen und Fenstern türmen, werden teilweise von israelischen Spezialitätenhändlern importiert und schmecken hervorragend. Das Lokal ist laut, chaotisch und stets voll, doch genau das macht seinen Charme aus.

Supersoft pita bread with unusual stuffing, whole golden-roasted cauliflowers or grilled “broccoli-trees“ – at Miznon Vienna, *you will get Israeli street food beyond hummus and falafel. Some of the ingredients piling up in the shelves and windows are imported from Israeli specialist manufacturers and taste extra-ordinary. The restaurant is loud, chaotic and always busy, but that is its particular charm.*

Web: **fb.me/miznonvienna**
Adresse: **1010, Schulerstraße 4**
Öffnungszeiten: **12.00-22.30 Mo-Sa**
13.00-18.00 So

Habibi & Hawara

Austrian-Oriental Cuisine for a Good Cause

Wie der Name schon andeutet, ist *Habibi & Hawara* (arabisch und österreichisch für Freund) ein charmanter Mix aus österreichischem Schmäh und orientalischer Gastfreundschaft. Das Restaurant ist ein spannendes Projekt: Hier arbeiten Geflüchtete und Einheimische zusammen, auf der Karte stehen orientalische Speisen wie Shawarma, Tabouleh oder Linsensuppe. Viele Speisen sind vegan oder vegetarisch und ein Großteil der Zutaten stammt von regionalen Biobauern.

As the name suggests, Habibi & Hawara *(Arabic and Austrian slang for friend) is a charming mix of Austrian humour and Middle Eastern hospitality. Refugees and locals work side by side on a menu where you find Middle Eastern food like Shawarma, Tabouleh, or lentil soup. Many of the dishes are vegan or vegetarian and most of the ingredients are produced by regional organic farmers.*

Web: **habibi.at**
Adresse: **1010, Wipplingerstraße 29**
Tel: **+43 (0)1 5350 675**
Öffnungszeiten: **11.30-24.00 Mo-Fr**
18.00-24.00 Sa

Bio Werkstatt – GenussBar

Organic Deli With Vegan & Raw Lunch

Wenn du dich mal so richtig mit super-gesundem Essen verwöhnen willst, dann besuch die *GenussBar* in der *Biowerkstatt!* In dem liebevoll geführten Bio-Laden gibt es ein großes biologisches Sortiment mit vielen österreichischen Produkten und einen veganen Mittagstisch von 11.30 bis 14.00 Uhr. Hol dir deinen Vitaminschub mit dem wöchentlich wechselnden Raw-Tagesteller oder schlag an der Salatbar, bei den cremigen Smoothies und frischgepressten Säften zu.

If you feel like pampering yourself with super-healthy food, head to the GenussBar *("Genuss" means "indulgence") at* Bio Werkstatt. *A huge range of Austrian organic products can be enjoyed here and between 11.30am and 2pm they offer a vegan lunch menu. Get your vitamin boost by trying the raw dish of the week or tucking in at the salad bar before rounding it off with a creamy smoothie or freshly squeezed juice.*

Web: **biowerkstatt.com**
Adress: **1010, Biberstraße 22**
Tel: **+43 (0)1 5126 695**
Öffnungszeiten: **9.00-18.00 Mo-Fr**

yamm!

All-In-One Vegetarian Restaurant & Bar

yamm! bietet alles auf einmal: zeitiges Frühstück, ganztägiges Büffet, täglich wechselnde Mittagsmenüs, frisch gepresste Säfte und Smoothies, süße Kuchen und süffige After-Work Drinks. In dem rein vegetarischen Restaurant darfst du deinen Teller so oft und so voll laden, wie du willst – du wiegst ihn einfach selbst ab, buchst ihn und zahlst, wenn du gehst. Um dir die Auswahl am Büffet zu erleichtern, sind alle Speisen gut gekennzeichnet (vegan, glutenfrei, laktosefrei und scharf). Dank einer Kinderecke ist *yamm!* obendrein familienfreundlich.

yamm! *offers it all: early breakfast, all-day buffet, daily lunch menus, freshly-squeezed juices and smoothies, delicious cakes and tasty after-work drinks. In the exclusively vegetarian buffet restaurant you can pile your plate as high and as often as you want to – you just weigh and track what you choose and pay when you leave. To make your choice as easy as possible, all dishes are labelled clearly (vegan, gluten-free, lactose-free and spicy). Thanks to a kid's corner,* yamm! *is also a family-friendly choice.*

Web: **yamm.at**
Adresse: **1010, Universitätsring 10**
Tel: **+43 (0)1 5320 544**
Öffnungszeiten: **8.00-23.00 Mo-Mi, 8.00-23.30 Do-Fr**
9.00-23.30 Sa, 9.00-15.00 So

Tian

Michelin Star Vegetarian Cuisine

20

Das *Tian* ist eines der besten Restaurants der Stadt, ausgezeichnet mit einem Michelin Stern und drei Gault-Millau Hauben – all das mit ausschließlich vegetarischer Küche. Außergewöhnliche Kochkunst trifft hier auf leidenschaftliche Experimentierfreude, verarbeitet werden saisonale Zutaten, vorwiegend aus der Region und der eigenen Gärtnerei und möglichst biologisch und fair erzeugt. Das elegante *Tian* hat seinen Preis, doch wer seinen Gaumen mal so richtig mit einem mehrgängigen *Signature Taste Menü* verwöhnen will, ist hier bestens aufgehoben.

Tian *is one of Vienna's top-rated restaurants, with one Michelin Star and three Gault-Millau Toques. It also offers exclusively vegetarian food. Extraordinary cuisine meets a passionate love of experimentation and creates fancy food with seasonal, mostly regional and preferably organic ingredients, partly from the owners' own garden. Naturally, this comes at a price, but if you feel like tingling your taste buds with a multi-course* Signature Taste Menu, *you are in good hands here.*

Web: **tian-restaurant.com/wien**
Adresse: **1010, Himmelpfortgasse 23**
Tel: **+43 (0)1 890 4665 29**
Öffnungszeiten: **12.00-14.00 und 17.45-21.00 Di-Sa**

simply raw bakery

Gourmet Raw Food & Dessert

Gönn' dir was, ganz ohne schlechtes Gewissen! In der *simply raw bakery* bekommst du Frühstück, süße Gaumenfreuden und herzhafte Snacks, die ausschließlich aus biologischen, rohen, veganen Zutaten bestehen und ganz ohne Mehl und industriellen Zucker auskommen. Von Kuchen, Cupcakes und Schokolade bis hin zu Brot und Pasta, alles wird hier aus Früchten, Nüssen, Samen, Gemüse, Kräutern und anderen Superfoods gemacht und nie über 42°C erhitzt. Übrigens ist das Vintage Interior der *bakery* genauso süß wie die Nachspeisen und lädt zu einer entspannten Kaffeepause ein.

Indulge without any guilt! At simply raw bakery, *you get breakfast, sweet treats and hearty snacks made exclusively from organic, raw, vegan ingredients without any flour or processed sugar. Everything from cakes, cupcakes, and chocolate to bread and pasta has been made from fruits, nuts, seeds, vegetables, herbs or other superfoods and has not been heated over 42°C/105°F. By the way, the bakery's vintage interior is as sweet as the desserts and perfect for a relaxed coffee break.*

Web: **simplyrawbakery.at**
Adresse: **1010, Drahtgasse 2**
Tel: **+43 (0)677 6246 9124**
Öffnungszeiten: **9.00-18.00 Mo-Sa**

simply raw
bakery

1,50
simply raw
bakery
Schneeflöckchen*

Eis Greissler

Organic Ice Cream Shop

Obwohl der hinreißend eingerichtete *Eis Greissler* im Ersten an der Straße mit der vermutlich höchsten Eissalondichte Wiens liegt, steht immer eine lange Schlange davor. Warum? Das Eis wird aus rein biologischen und regionalen Zutaten gemacht, ganz ohne künstliche Aromen, Farbstoffe oder Konservierungsmittel – und schmeckt zum Niederknien gut! Auch gekennzeichnete vegane Sorten sind darunter, zum Beispiel Quitte, Birne oder Bratapfel. Trau dich, es wird dir schmecken!

Even though there are many ice cream parlours in this area, there's always a long queue in front of Eis Greissler. *Why? Their ice cream is made from organic and local products without artificial additives, preservatives or flavours – and it tastes delicious!* Eis Greissler *offers a selection of labelled vegan choices, including tastes like quince, pear or roast apple. Try it, you'll love it!*

Web: **eis-greissler.at**

Adresse: **1010, Rotenturmstraße 14**
Öffnungszeiten: **11.00-23.00 Mo-So**

Adresse: **1060, Mariahilfer Straße 33**
Öffnungszeiten: **11.00-21.00 So-Do**
11.00-22.00 Fr-Sa

Tante Fanny
EINFACH TEIGVERLIEBT
Unsere
TEIGAUSWAHL
ist die Basis für
DEINE KREATIVITÄT
RUND
Frischer
Quiche- & Tarteteig
RUND ø32 cm
Tante Fanny
RUND
VEGAN
Dinkel-Pizzateig
Tante Fanny
VEGAN
800 FRISCHTEIG-REZEPTE auf WWW.TANTEFANNY.AT
GERICHTE VON KLASSISCH HERZHAFT BIS VEGETARISCH UND VEGAN
GRATIS REZEPTHEFTE ZUM BESTELLEN ODER DOWNLOADEN
INSPIRIERENDE REZEPTVIDEOS
Besuche uns auf:
www.tantefanny.at

NomNom

Vegan Bakery & Confectionery

Die sündhaften Cupcakes, Brownies, Punschkrapfen, Cookies und wechselnden Torten im *NomNom* sind nicht nur komplett vegan, sondern großteils auch aus biologischen und fair-gehandelten Zutaten gebacken. Die Bakery selbst ist so zuckersüß eingerichtet, wie die Kuchen schmecken. Natürlich wird hier täglich frisch gebacken und alle Süßspeisen sind handgemacht. Falls du die veganen Leckereien künftig selbst zuhause zubereiten möchtest, probier doch einen Backkurs aus!

NomNom's *mouth-watering cupcakes, brownies, punch cakes, cookies and varying cakes are not only completely vegan, but also mostly made of organic and fair-trade ingredients. Naturally, all desserts are homemade and prepared freshly on a daily basis. If you would like to learn how to bake those vegan treats, you can even book a baking class!*

Web: **nomnom-v.com**
Adress: **1020, Lilienbrunngasse 5**
Tel: **+43 (0)660 6697 544**
Öffnungszeiten: **12.00-19.00 Di-Fr, 12.00-16.00 Sa**

Harvest

Vegan Brunch & Lunch Restaurant

Stopf dich bei Wiens umfangreichstem veganen Brunch genüsslich mit hausgemachten Aufstrichen und Marmeladen, Salaten und warmen Speisen wie Suppe, Eintopf oder Strudel voll. Aber auch unter der Woche ist das *Harvest* ein Tipp für deine Mittagspause (vom Büffet oder à la carte) oder für einen entspannten Kaffee mit veganem Kuchen, während du die Passanten vom Schanigarten am pittoresken Karmeliterplatz aus beobachtest. Zwar wird Kuhmilch zum Kaffee angeboten, ansonsten ist das *Harvest* aber völlig vegan.

Stuff yourself with homemade spreads, jams, tasty salads as well as warm dishes like soups, stews and strudels at Vienna's most extensive vegan brunch restaurant. This is also the perfect place to stop for lunch on weekdays (buffet style or à la carte) or relax over coffee and vegan cake while watching passersby from the sidewalk patio on the pleasant Karmeliterplatz. Harvest *offers cow's milk for coffee, but other than that it is completely vegan.*

Web: **harvest-bistrot.at**
Adresse: **1020, Karmeliterplatz 1**
Tel: **+43 (0)676 4927 790**
Öffnungszeiten: **10.00-24.00 Mi-So**
Brunch: **10.00-16.00 Wochenende und Feiertage**

Desserts
&
Kuchen
auch

Fett + Zucker

Delicious Cakes & Coffee

Für Kaffee und Kuchen im hippen Karmeliterviertel legen wir dir dieses kleine Lokal mit dem mehr als passenden Namen ans Herz. Auf reizenden Flohmarkt-Möbeln kannst du fabelhafte Naschereien und ein paar herzhafte Snacks genießen, viele davon vegan. Ob Cheesecake, Apple Crumble oder die besten veganen Chocolate Chip Cookies der Stadt, alle bäckt Eva Trimmel – eine ehemalige Architektin, die zu unser aller Glück den Job gewechselt hat – selbst.

Located in the quirky and hip Karmeliter neighbourhood this cute coffee and cake shop with the more than apt name (fat + sugar) *and lovely flea market furniture sells fabulous sweet treats and some hearty snacks, many of them vegan. From cheesecake to apple crumble and the best vegan chocolate chip cookies in town, all desserts are hand-made by Eva-Maria Trimmel, a former architect who today luckily prefers baking cakes to designing houses.*

Web: **fettundzucker.at**
Adresse: **1020, Hollandstraße 16**
Tel: **+43 (0)699 1166 0092**
Öffnungszeiten: **13.00-21.00 Mo-Do, 11.00-21.00 Fr-So**

change it

Karmelitermarkt

Burgers, Pizza & Market Food

Vor über 120 Jahren wurde der Karmelitermarkt gegründet, er ist somit einer der ältesten Märkte Wiens, aber wesentlich entspannter als manch anderes Szeneviertel. Zwischen typischen Ständen mit frischem Obst und saisonalem Gemüse liegen ein paar kleine Cafés und Restaurants. Unsere Lieblingslokale sind *Tewa, zimmer37* und *cafemima* für leckeres Frühstück und Mittagessen sowie *Weinschenke, Pizza Mari* und *Pizzaquartier* für herzhafte Burger und die beste Pizza der Stadt (einfach ohne Käse bestellen). Für einen Markt sind die Preise allerdings nicht ganz billig.

Founded more than 120 years ago, Karmelitermarkt is one of Vienna's oldest markets but not as busy as those in other trendy neighbourhoods. In between typical market stands, you will find a couple of cute cafés and restaurants. Our favourite places include Tewa, zimmer37 *and* cafemima *for good quality breakfast and lunch, and* Weinschenke, Pizza Mari *and* Pizzaquartier *for savoury burgers and the best pizza in town (order without cheese).*

cafemima: **1020, Am Karmelitermarkt 21-24 | cafemima.at**
Tewa: **1020, Am Karmelitermarkt 25-29 | tewa-karmelitermarkt.at**
Pizza Mari: **1020, Leopoldsgasse 23a | pizzamari.at**
Pizzaquartier: **1020, Am Karmelitermarkt 96 | fb.me/pizzaquartierwien**
Weinschenke am Karmelitermarkt: **1020, Am Karmelitermarkt 10-12**
zimmer37: **1020, Am Karmelitermarkt 37-39 | zimmer37.at**

Vorgartenmarkt

Up-And-Coming Market

Der Vorgartenmarkt ist zwar nicht groß, aber mit seiner Ladenzeilen-Architektur aus den 1960ern wirkt er richtig schön retro. Unter die Marktstände mit Obst und Gemüse mischen sich nun immer mehr hippe Lokale und Läden, zum Beispiel die Natursauerteig-Bäckerei *Gragger & Cie,* der Biomarkt *Adamah,* das vegetarische Bistro und Take-Away *Rita bringt's* oder die angesagte *Mochi Ramen Bar.* Der Vorgartenmarkt ist neben dem Brunnenmarkt sicherlich die urigste unserer Markt-Empfehlungen, doch wenn du dich mal überall durchkosten oder vor Ort entscheiden willst, was dich anlacht, ist er definitiv einen Besuch wert.

Vorgartenmarkt is not very large, but with its 1960s-strip mall architecture it looks just beautifully retro. Between the typical market stalls appear more and more shops and restaurants such as the sourdough bakery Gragger & Cie, *the organic grocery* Adamah, *the vegetarian bistro & take-away* Rita bringt's *or the hip* Mochi Ramen Bar. *Apart from Brunnenmarkt, Vorgartenmarkt is certainly the most unrefined of our market recommendations, but if you feel like trying different sorts of food or deciding on the spot what you feel like, it is definitely worth a visit.*

Adamah: **1020, Ennsgasse 8 | adamah.at**
Gragger & Cie: **1020, Vorgartenmarkt Stand 14-15 | gragger-cie.at**
Mochi Ramen Bar: **1020, Vorgartenmarkt Stand 12 & 29 | mochi.at/ramen-bar**
Rita bringt's: **1020, Vorgartenmarkt Stand 20 | ritabringts.at/vorgartenmarkt**

Interview Madeleine Alizadeh

Blogger at Dariadaria.com

Erzähl uns bitte ein wenig über dich. Wer bist du und was machst du?
Ich bin Maddie oder Daria, beides sind meine Namen, und ich schreibe seit 2010 den Blog *Dariadaria.com.* Auf dem Blog geht's inzwischen um Conscious Lifestyle – also alles, was sich mit einem bewussteren Lifestyle auseinandersetzt: Das fängt bei fairer oder ökologischer Mode an und führt von Low- und Zero-Waste-Themen über ganz banale Dinge wie Einrichtung bis hin zu tiefschürfenderen Themen wie Politik und Gender Equality.
Du bist in Wien geboren und aufgewachsen. Wieso bist du hier geblieben?
Wien ist die Stadt mit der besten Lebensqualität – ich habe inzwischen in richtig vielen Städten gelebt und nirgendwo ist das Leben von der Qualität her so gut wie in Wien. Von den sozialen Einrichtungen bis hin zu den Naturangeboten gibt es hier alles, was man braucht, ohne dass die Stadt zu klein oder zu groß ist. Wien hat einfach die perfekte Größe.
Du trinkst keinen Kaffee, bist aber bekennender Matcha Latte Fan. Wer serviert den besten Matcha Tee der Stadt?
Das *Cha No Ma* in der Faulmanngasse.
Wo bekommt man in Wien deiner Meinung nach das beste vegane Essen?
Ich mag gesundes Essen sehr gerne und da wäre das *Dancing Shiva Superfoods* meine Empfehlung. Wenn man nicht von gesundem Essen spricht, dann liebe ich momentan die *Bánh Mìs* im *Old Quarter.*
Und wenn du mal so richtig ausgedehnt frühstücken willst, wohin gehst du?
Ich finde das Frühstück im *Erich* super, dort gibt's gute Breakfast Burritos und solche Sachen, und ich mag warme Frühstücksspeisen und einen Mix aus salzig und süß. Den Brunch im *deli bluem* und im *Sneak In* finde ich auch gut. Im *Café Stadtkind* gibt's ein veganes *Dariadaria Frühstück,* das sollte ich natürlich auch erwähnen.
Welche ist deine Lieblingsbar? Und welchen Drink sollte man dort unbedingt probieren?
Ich bin zwar nicht so die Bar-Geherin, aber ich mag das *If Dogs Run Free* supergerne, weil die Qualität der Cocktails dort sehr gut ist. Und ich bin eine *Moscow-Mule-* und *Pimms-Cup-*Trinkerin.

Please tell us a little bit about yourself. Who are you and what do you do?

I am Maddie or Daria, both are my names, and since 2010 I have been writing a blog named Dariadaria.com. *It's about anything involving a more conscious lifestyle; starting with fair and eco-friendly fashion or low and zero waste topics. There are trivial things like interior decoration, but also more profound topics like politics and gender equality.*

You were born in Vienna. What do you like about it and what made you stay?

For me, Vienna is the city with the best quality of life. I have lived in many cities, but the quality of life was nowhere as good as in Vienna. From social services to the nature surrounding it, you find everything you need in a city that is neither too big nor too small. Vienna is just the perfect size.

You don't drink coffee, but you are a big fan of matcha latte. Where do you get the best in Vienna?

At Cha No Ma *in the Faulmanngasse.*

Where do you get the best vegan food in Vienna?

I really like healthy food and for that, Dancing Shiva Superfoods *would be my recommendation. If we are not talking healthy, I love the* Bánh Mìs *at* Old Quarter.

When you feel like having an extensive breakfast once in a while, where do you head to?

I think breakfast at Erich *is great: You get breakfast burritos and things like that, and I really like warm food and a mix of savoury and sweet for breakfast. The brunch at* deli bluem *and* Sneak In *is also good. And* Café Stadtkind *serves a vegan* Dariadaria breakfast, *so obviously, I can't forget that.*

What is your favourite bar? And which drink should we try?

I am not going to a bar often, but I like If Dogs Run Free *a lot, because they serve high-quality cocktails. I am definitely a* Moscow Mule *and* Pimms Cup *drinker.*

Uli's Veganeria

Ayurvedic Inspired Vegan Lunch & Brunch

Ulrike Seidler ist ein Multitalent: hat esoterische Reisen angeboten, Reiki Kurse, ein ayurvedisches Catering und ein Buch über die spirituellen Aspekte des Kochens geschrieben. In *Uli's Veganeria* kocht sie seit 2016 ayurvedisch inspirierte, vegane Tagesgerichte und serviert dazu feinen italienischen Kaffee, ayurvedischen Tee, hausgemachte Kuchen und vitaminreiche Smoothies. Ab und zu schleicht sich eine vegetarische Ausnahme auf die Karte, die ist dann aber entsprechend gekennzeichnet.

Ulrike Seidler has already tried many things in her life: esoteric travels, reiki seminars, an Ayurveda catering company, and a book about the spiritual aspects of cooking. At Uli's Veganeria, *she cooks Ayurveda-inspired, vegan lunch specials and serves fine Italian coffee, ayurvedic tea, home-baked cakes, and vitamin-packed smoothies with it. Once in a while, a vegetarian exception sneaks onto the menu, but is indicated accordingly.*

Web: **fb.me/ulisveganeria**
Adresse: **1030, Apostelgasse 29-31**
Tel: **+43 (0)1 9664 478**
Öffnungszeiten: **11.00-18.00 Mo-Do, 11.00-15.00 Fr**

Cafe Menta

Café & Restaurant for Design Lovers

Im wunderschön designten Interieur des *Cafe Menta* treffen raue Betonwände auf riesige Loft-Fenster, Industrie-Lampen und Roland Rainer Stadthallen-Stühle. Die mintgrünen Fliesen bringen Farbe ins Spiel und passen perfekt zu der türkisch-mediterranen Küche mit spanischen Einflüssen, die hier serviert wird. Auf der Karte stehen auch immer unterschiedliche vegane und vegetarische Speisen. Unsere Empfehlung für Design-Liebhaber, vor allem nach einem Besuch im nahe gelegenen *Kunst Haus Wien.*

The beautifully curated interior of Cafe Menta *is a mix of raw concrete walls, huge loft windows, industrial lamps, and Austrian design classics. The mint green tiles add a splash of colour and go well with the Turkish-Mediterranean cuisine with Spanish influences served here. You will always find various vegan and vegetarian options on the menu. We recommend* Cafe Menta *for interior aficionados, especially after a visit to the nearby* Kunst Haus Wien.

Web: **cafementa.at**
Adresse: **1030, Radetzkyplatz 4**
Tel: **+43 (0)1 9668 423**
Öffnungszeiten: **8.30-24.00 Mo-So**

Tian Bistro im Kunst Haus Wien

Tartes Flambées in the Museum

Das *Tian Bistro* kombiniert ein witziges Loft-Flair mit der bunten Architektur des Hundertwasser Hauses. Die massiven Eisentreppen und -fenster und ein riesiges Oberlicht kontrastieren mit wild durcheinander gewürfelten Tischen, Stühlen und dschungelartigen Grünpflanzen. Serviert werden rein vegetarische und vegane Speisen, wobei frisch gebackene, knusprige Flammkuchen die Spezialität des Hauses sind. Im Sommer unbedingt den romantischen Garten ausprobieren!

PS. Im 7. Bezirk befindet sich ein zweites *Tian Bistro* mit umfangreicherer Karte und geradlinigerem Interieur.

Tian Bistro *combines the interior of a casual loft with the colourful architecture of the Hundertwasser building. Massive iron staircases and windows and a huge skylight contrast a wild mix of tables, chairs and countless plants.* Tian Bistro *serves exclusively vegetarian and vegan meals along with the freshly-baked, crispy tartes flambées that are their specialty. You will find another* Tian Bistro *with a more extensive menu and a crisper interior in the 7th district.*

Web: **kunsthaus.tian-bistro.com**

Adresse: **1030, Weißgerberlände 14**
Tel: **+43 (0)1 8909 510**
Öffnungszeiten: **10.00-18.00 Mo-So**

Adresse: **1070, Schrankgasse 4**
Tel: **+43 (0)1 5269 491**
Öffnungszeiten: **11.00-23.00 Mi-Fr**
9.00-22.00 Sa-So

Vegetasia

Buffet-Style Vegan Asian Fusion Cuisine

Seit 1988 bietet Österreichs ältestes veganes Restaurant ein glutamatfreies, typisch asiatisches Mittags- und Abend-Buffet an. Zu fairen Preisen kannst du dir hier den Bauch genüsslich mit Sushi, Frühlingsrollen, gebratenem Seetang, knusprig frittiertem Tofu, Crispy Salty Soja, Udon Nudeln oder gefüllten Teigtaschen voll schlagen. Wer auf vegane Fusionsküche steht und schon immer mal gebackenes Soja statt Schweinefleisch probieren wollte, ist hier richtig!

Since 1988, Austria's oldest vegan restaurant has been offering glutamate-free, typical Asian buffet-style lunch and dinner. For a fair price, you can gorge on sushi, spring rolls, roasted seaweed, fried tempura, crispy salty soy, udon noodles and Chinese dumplings. If you fancy vegan fusion cuisine and have been wanting to sample deep-fried soy instead of pork, you should give this place a try!

Web: **vegetasia.at**
Adresse: **1030, Ungargasse 57**
Tel: **+43 (0)1 7138 332**
Öffnungszeiten: **11.30-15.00 und 17.30-22.00 Mi-So**

hiddenkitchen

Deluxe Salad Bar & Restaurant

Versteckt? Das gilt vielleicht für die Filiale in der Inneren Stadt, aber nicht für die chice *hiddenkitchen* im 3. Bezirk: In einem luftigen Raum mit großen Fenstern, ausladender Theke und Vintage-Möbeln bekommst du hier eine große Auswahl an außergewöhnlichen kalten und warmen Salaten, etwa Artischocken-Kichererbsen-Salat mit Tahina-Spinat-Dressing oder Safran-Kurkuma-Juwelenreis mit Gojibeeren, gerösteten Kartoffeln und Röstzwiebeln. Natürlich werden alle Speisen frisch und ohne künstliche Aromen zubereitet. Am Samstag wird bis 14 Uhr auch Frühstück angeboten.

Hidden? That may be true for the branch in the city centre, but not for the hiddenkitchen *in the 3rd district. In an airy room with huge windows, a sprawling counter and vintage furniture, you can try a big selection of extraordinarily tasty salads, both warm and cold; for example, artichoke-chickpea-salad with tahini-spinach dressing or saffron-turmeric-jewelrice with goji berries, roasted potatoes and fried onions. All food is prepared freshly without preservatives, emulsifiers, glutamates or flavour enhancers.*

Web: **hiddenkitchen.at**

Adresse: **1010, Färbergasse 3**
Tel: **+43 (0)1 2768 398**
Öffnungszeiten: **10.00-16.00 Mo-Fr**

Adresse: **1030, Invalidenstraße 19**
Tel: **+43 (0)1 9716 093**
Öffnungszeiten: **8.30-17.00 Mo-Fr**
9.00-14.00 Sa

Allergiker Café

Allergy-Friendly Cake Shop & Bistro

Das gemütliche, skandinavisch angehauchte *Allergiker Café* ist wahrscheinlich der Siebte Himmel für Menschen mit Lebensmittelintoleranzen. Mutter und Tochter backen hier Kuchen mit Namen wie *Katinka, Amelie* oder *Violetta* und bereiten Frühstück, Snacks und wechselnde Mittagsgerichte zu. Großer Pluspunkt: Einfach alles ist gekennzeichnet, sei es histaminarm, fruktosearm, glutenfrei, ohne Nüsse, Milchprodukte oder Ei. Natürlich veganisiert man dir hier auch gerne deine Bestellung.

Cosy Scandinavian-style Allergiker Café *might just be heaven for people suffering from food intolerances. A mother and daughter bake cakes bearing names like* Katinka, Amelie *or* Violetta *and prepare breakfast, snacks and varying lunch specials. A big advantage is that everything is labelled to say if a dish is free from gluten, dairy, nut, egg or low in histamine or fructose. They are also happy to veganise your order.*

Web: **allergikercafe.at**
Adresse: **1040, Wiedner Hauptstraße 35**
Öffnungszeiten: **9.30-19.00 Di-Fr, 10.00-16.00 Sa**

VÖSLAUER

erna B

Drinks, Coffee & Granny's Homemade Cakes

Wenn man *erna B* betritt, ist der alte, mosaikhafte Steinboden das erste, das einem ins Auge sticht. Ansonsten ist das sympathische Lokal mit liebevoll restaurierten Vintage-Möbeln und riesigen Industrie-Lampen eingerichtet und zieht ein hippes Publikum an. Benannt ist *erna B* nach der Großmutter der Besitzerin – und alle Kuchen (einige davon vegan) werden nach Omas Rezept gebacken. Am besten schaust du auf einen Kaffee vorbei, oder für abendliche Drinks und hausgemachte Antipasti.

When entering erna B, *the old, mosaic stone floor is the first thing that catches the eye. Complemented with an interior featuring lovingly restored vintage furniture and huge industrial lamps, this subtle café/bar attracts a hip crowd. Named after the owner's grandmother, Erna, it is no wonder that all cakes are baked according to granny's recipes (some of them vegan). Drop by for coffee or enjoy late-night drinks with home-made antipasti.*

Web: **ernab.at**
Adresse: **1040, Große Neugasse 31**
Tel: **+43 (0)660 3925 961**
Öffnungszeiten: **16.00-1.00 Di-Sa, 16.00-24.00 So**

Aromat

Hearty Galettes & Sweet Crêpes

Retro Flohmarkt-Möbel, eine massive Fensterfront, die Unmengen an Tageslicht hereinlässt, und einfache, ehrliche Mahlzeiten. Das *Aromat* ist klein und dank seines speziellen Charmes ein Lieblingslokal vieler Wiener. Bekannt ist es für seine aromatischen, herzhaften und süßen Crêpes aus Buchweizen, aber du kannst hier auch Suppen und Tagesgerichte mit französisch-mediterranen Einflüssen bestellen. Soweit es möglich ist, werden alle Speisen auch vegan für dich zubereitet.

Retro flea-market furniture, gallons of unfiltered daylight and simple, honest food. Aromat *is small, but charming and has become a favourite among locals. It's famous for its aromatic, hearty galettes and sweet crêpes made with buckwheat, but you can also order soup and daily specials with a French-Mediterranean touch. Most dishes will be prepared vegan for you.*

Web: **arom.at**
Adresse: **1040, Margaretenstraße 52**
Tel: **+43 (0)1 9132 453**
Öffnungszeiten: **17.00-22.00 Di-Fr**
14.00-22.00 Sa, 16.00-22.00 So

aromat

Ve[n]ga

Healthy Vegetarian & Vegan Lunch

Im *Ve[n]ga* kommen nur hausgemachte und gesunde Mittagsgerichte auf den täglich wechselnden Tagesteller. Besitzerin Zsuzsanna Grogger bietet in dem rein vegetarischen Bistro zusätzlich immer ein veganes Wochengericht und vegane Suppen und Nachspeisen an. Verarbeitet werden ausschließlich natürliche, meist biologische Zutaten und Obst und Gemüse kommen nach Saisonangebot frisch vom Markt. Ein Tipp für eine wohltuende Mittagspause in Stadtnähe.

Ve[n]ga *serves a daily, homemade and healthy lunch menu as well as weekly specials. For hungry vegans, there is a weekly vegan dish as well as vegan soups and dessert on offer. Owner Zsuzsanna Grogger uses only natural, mostly organic ingredients and buys seasonal fruits and vegetables at the local market. A nice spot near the city centre for a soothing lunch break.*

Web: **vengabistro.at**
Adresse: **1040, Wiedner Hauptstraße 31**
Tel: **+43 (0) 664 8519 924**
Öffnungszeiten: **11.30-15.00 Mo-Fr**

FASHION
ACCESSORIES
HOME & LIVING
Your Austrian Onlineshop
for Fair & Vegan Lifestyle.
For a responsible
Today and a better
Tomorrow.
GARY MASH
GARY MASH®
facebook.com/garymash.austria
gary.mash
www.garymash.at

Gorilla Kitchen

Tasty California-Style Burritos

Wer Burritos liebt, ist in der hippen *Gorilla Kitchen* bestens aufgehoben. Der moderne, mit viel Sperrholz vor dunklen Ziegelwänden eingerichtete California-Style Burrito-Laden hat sich schnell vom Geheimtipp zum Hotspot entwickelt. Für vegane Street Food Fans gibt es hier großartige hausgemachte Burritos und Bowls mit Tofu oder Mangold und Kichererbsen sowie ein Sandwich mit Avocado und Pilzen. Die Mitarbeiter kennen übrigens die perfekte Saucen-Kombi für deine Bestellung – einfach fragen!

If you love burritos, you are perfectly taken care of at Gorilla Kitchen. *The modern California-style burrito place, furnished with a lot of plywood in front of dark brick walls, quickly evolved from an insider tip to a hotspot. For vegan street food fans, they offer great homemade burritos and bowls with tofu or chard and chickpeas as well as an avocado and mushroom sandwich. The staff knows the best mix of sauces to upgrade your order – just ask!*

Web: **gorillakitchen.at**
Adresse: **1040, Gußhausstraße 19**
Tel: **+43 (0)660 8363 427**
Öffnungszeiten: **11.30-22.00 Mo-Sa**

+ SALSA NACH WAHL
SANDWICHES
PULLED PORK
GORILLA KITCHEN

Salon Wichtig

Tiny Bistro & Take-Away

Keine Sorge, du musst dich nicht in Schale werfen, um hier zu speisen – „Salon" ist ganz klar ein Euphemismus, sowohl in Hinblick auf Eleganz als auch auf Größe. Das winzige Restaurant mit Take-Away-Option ist dafür super für eine schnelle Mittagspause. Die Mitarbeiter sind freundlich, die Preise vernünftig und die asiatisch inspirierten Suppen und Speisen beinhalten immer vegane und vegetarische Optionen. In den warmen Monaten kannst du draußen im sonnigen Schanigarten sitzen und im Winter musst du dich eben neben den herzigen Golden Retriever namens „Semmerl" ins Lokal zwängen.

Don't worry, you don't have to put on your fancy wardrobe to eat here – "salon" is a bit of a euphemism, both when it comes to sophistication and size. The tiny restaurant and take-away is a great place for a quick lunch fix, though. Friendly and reasonably priced, you will get Asian-inspired soups and mains including various vegan and vegetarian options each day. In the warmer months, you can sit outside in the sunny pavement café, and in the colder ones you will have to squeeze in next to the owner's lovely Golden Retriever named "Semmerl" (bread roll).

Web: **fb.me/salonwichtig**
Adresse: **1040, Karlsgasse 22**
Tel: **+43 (0)699 1515 3399**
Öffnungszeiten: **11.30-15.00 Mo-Fr**

Swing Kitchen

Vegan Burgers & Fries

Mit den riesigen Fenstern, weißen Fliesen und Backstein-Wänden könnte man in der *Swing Kitchen* glauben, man sei in New York. Und dann noch diese Burger-Auswahl! Cheese Burger, Vienna Burger, Swing Burger, Chili Burger… alles natürlich zu 100% vegan. Soweit wie möglich werden hier Lebensmittel aus regionalem und gentechnikfreiem Anbau verarbeitet, teilweise sind sie biologisch und fair gehandelt. Außerdem bestehen alle Verpackungen aus nachwachsenden Rohstoffen. Fast-Food mit Slow-Food-Zugang eben!

With the huge windows, white tiles and brick walls, Swing Kitchen *might as well be in New York. And then the huge burger selection! Cheeseburger, Vienna burger, Swing burger, Chili burger… don't forget, all of them are 100% vegan. And wherever possible, regional and GMO-free products are used. Some of the ingredients are organic and fair trade certified, and all packaging is made of renewable materials. That's what we call fast food with a slow food approach!*

Web: **swingkitchen.com**

Adresse: **1040, Operngasse 24**

Adresse: **1070, Schottenfeldgasse 3**

Adresse: **1080, Josefstädter Str. 73**

Öffnungszeiten: **11.00-22.00 Mo-So**

Weinschenke

Tasty Burgers & Austrian Wine

Uriges Interieur inklusive 70er-Jahre-Fliesen, lackierter Holzvertäfelung, rauchiger Luft und Resopal-Möbeln – wenn man die *Weinschenke* betritt, erwartet man alles andere als Burger vorgesetzt zu bekommen. Noch dazu zählen sie zu den besten der Stadt und werden gemeinsam mit einer beachtlichen Auswahl an österreichischen Weinen serviert. Ein veganer Burger mit hausgemachtem Seitan und eine vegetarische Variante mit Halloumi stehen auf der Karte und beide sind köstlich. Auch in der Heurigen-Vitrine gibt es meist ein paar vegane Vorspeisen zur Auswahl. Wen der Rauch stört, sollte die rauchfreie *Weinschenke* auf dem Karmelitermarkt im 2. Bezirk ausprobieren.

The rustic interior includes 1970s tiles on the floor, varnished wood panelling, smoky air and Resopal furniture – when entering Weinschenke, *burgers are the last thing you would expect to get. On top of that, they are some of the best burgers in the city and come with a great selection of Austrian wines. Weinschenke serves one vegan burger with homemade seitan and a vegetarian one with halloumi, both of which are delicious. If smoke isn't your thing, you should try the smoke-free restaurant at Karmelitermarkt in Vienna's 2nd district.*

Web: **www.weinschenke-wien.com**

Adresse: **1050, Franzensgasse 11**
Tel: **+43 (0)660 5076 301**
Öffnungszeiten: **11.30-1.00 Mo-Fr**
17.00-1.00 Sa-So

Adresse: **1020, Karmelitermarkt Stand 10+12**
Tel: **+43 (0)676 7440 108**
Öffnungszeiten: **11.00-23.00 Mo-Sa**

Weinschenke

weißweine: ⅛
NEUBURGER KLASSIK /GISPERG 340
GV GALGENBERG /SCHNEIDER 420
GELBER MUSKATELLER/SCHEUCHER 480
rotweine:
KLASSIK CUVÉE /GISPERG 360
BLAUFRÄNKISCH DAC /JALITS 420
MERLOT /MARIEL 580
vodka 2 CL
DIVERSE SORTEN HAUSGEMACHT 350
SIEHE VITRINE

DER WILDE KERL
DER SCHARFE
DER BURGER!
DAS WILDSCHWEIN
VEGI-BURGER-NEU
BILLY THE KID

Veganista

Vegan Ice Cream Shop

Die Schwestern Cecilia und Susanna Blochberger leben seit über 20 Jahren vegan, doch gutes Eis war eines der wenigen veganen Dinge, das ihnen in Wien immer noch fehlte. Also bewarb sich Susanna an der Ice Cream University in den USA und eröffnete – nachdem sie zwei Jahre lang mit Geschmacksrichtungen und Texturen experimentiert hatte – das erste *Veganista.* Sowohl Veganer als auch Nicht-Veganer lieben die kalten, süßen Versuchungen, die du in einem der Salons im 2., 5., 7. oder 9. Bezirk probieren kannst. Wir bestellen am liebsten Peanut Butter, Basilikum oder Heidebeer-Lavendel.

Cecilia and Susanna Blochberger, two sisters who have been vegans for more than 20 years, decided one day that good and creamy ice cream was the one vegan thing they were still missing in Vienna. So, Susanna registered at the „Ice Cream University" in the USA and after two years of experimenting with flavours and textures, opened the first Veganista. *Non-vegans and vegans alike love their cold and sweet delights, which you can try in one of the outlets in the 2nd, 5th, 7th or 9th district. Our favourites are peanut butter, basil and blueberry-lavender.*

Web: **veganista.at**

Adresse:	*Adresse:*
1020, Taborstrasse 15	**1070, Neustiftgasse 23/3**
1050, Margaretenstrasse 51	**1090, Alserbachstraße 5**

Öffnungszeiten: **12.00-22.00 Mo-So**

SCHAU MIR IN DIE ALGEN,
KLEINES.
www.hallohelga.at
Helga

Nam Nam

Indian Food With a Modern Twist

Das *Nam Nam* ist eine gelungene Mischung aus traditionellen indischen Speisen und modernem Innenleben jenseits aller Klischees. Witzige Details – zum Beispiel Wandbeschriftungen des Star-Cartoonisten Tex Rubinowitz oder bunte Holzlatten auf dem Boden – peppen das klassisch-schlichte Interieur auf. Die feine Auswahl an veganen Vorspeisen und Hauptspeisen isst man im Frühling und Sommer am besten im gemütlichen Gastgarten. Wer es eilig hat, holt sich in einem der beiden *Nam Nam Dabbas* ein Curry zum Mitnehmen.

Nam Nam *is a nice mix of traditional Indian food and modern interior beyond all clichés. The simple design is spiced up by witty details – for example wall art by cartoonist Tex Rubinowitz and colourful wooden slats on the floor. The fine selection of vegan starters and main dishes can be eaten in the pleasant pub garden in the spring and the summer. If you are in a hurry, just opt for take-away curry at one of the two* Nam Nam Dabbas.

Web: **nam-nam.at**

Adresse:
1060, Webgasse 3
Tel: **+43 (0)1 5956 127**
Öffnungszeiten: **11.00-14.30 und 18.00-23.00 Mo-So**

Adresse Take Away:
1040, Faulmanngasse 1
Öffnungszeiten:
11.00-14.30 Mo-Fr

Adresse Take Away:
1030, Marxergasse 3
Öffnungszeiten:
11.00-14.30 Mo-Fr

HAM
HAM
ZAM ZAM

NENI am Naschmarkt

Israeli-Oriental Food at the Iconic Naschmarkt

Vermutlich ist der Nahe Osten nirgendwo in Wien so nah wie im *NENI am Naschmarkt.* Die Familie Molcho, die mit ihren Produkten heute Supermärkte und internationale Hotelketten beliefert, begann ihre Gastronomie-Karriere vor acht Jahren genau hier. Im *NENI* erwarten dich israelisch-orientalische Köstlichkeiten – die karamellisierten Melanzani mit Ingwer und Chili sind besonders lecker – und unterschiedliche Mezze wie Muhammara, Hummus, Falafel und Babaganoush. An lauen Sommerabenden kannst du außerdem auf der belebten Terrasse sitzen und das Naschmarkt-Treiben genießen

There is probably no other place in Vienna where the Middle East feels as close as at NENI am Naschmarkt. *The Molcho family that nowadays supplies supermarkets and international hotel chains with their products, started their catering career eight years ago at this place.* NENI *offers Israeli-Oriental delicacies – the caramelised eggplant with ginger and chilli is scrumptious – and various mezze like muhammara, hummus, falafel and baba ganoush. In mild summer evenings, you can sit on the lively outside terrace and enjoy the Naschmarkt bustle.*

Web: **neni.at/restaurants/naschmarkt**
Adresse: **1060, Naschmarkt 510**
Tel: **+43 (0)1 5852 020**
Öffnungszeiten: **8.00-23.00 Mo-Sa**

NENI

ShanghaiTan

Extraordinary Asian Food & Cocktails

Exotisch und geheimnisvoll ist das *ShanghaiTan,* hunderte rote Lampions sorgen für schummriges Licht und sobald man das Restaurant betritt, fühlt man sich in eine andere Welt versetzt. Im Untergeschoß wird es noch intimer, denn hier kann man in Separées mit niedrigen Bänken und kleinen Schemeln aus Ebenholz ein romantisches Dinner genießen oder mit Freunden Cocktails schlürfen. Im *ShanghaiTan* gibt es auch eine vegane Speisekarte mit vielen südostasiatischen Köstlichkeiten, die du bis Mitternacht bestellen kannst. Generell solltest du hier unbedingt reservieren!

Exotic and mysterious with hundreds of Chinese lanterns and dim lights, ShanghaiTan *will take you into another world as soon as you enter it. Downstairs, it is even more intimate with private booths where you can enjoy a romantic dinner or sip cocktails with your friends on low benches and stools made of ebony.* ShanghaiTan *offers classic Southeast Asian cuisine, along with a vegan menu, until midnight. You should definitely make a reservation in advance!*

Web: **shanghaitan.at/startseite.html**
Adresse: **1060, Gumpendorferstraße 9**
Tel: **+43 (0)1 5854 988**
Öffnungszeiten: **18.00-1.00 Mo-Sa**

Brass Monkey

Coffee, Cupcakes & New Friends

Das *Brass Monkey* hat mit seinen kupferfarbenen Lampen, seinem minimalistischen Interieur und der gefliesten Theke einfach gar nichts mit einem kitschigen Süßigkeiten-Laden gemein. Und dennoch: Die Cupcakes, Kuchen und Cookies – sowohl vegan als auch gewöhnlich – sowie der griechische Spezial-Kaffee, der mit einer Marzocco-Maschine zubereitet wird, schmecken einfach nur köstlich. Ein großer Holztisch füllt den kleinen Raum aus und lädt dazu ein, die Süßigkeiten und koffeinhaltigen Getränke gemeinsam zu genießen. Sind alle Plätze besetzt, kannst du die Desserts auch mitnehmen.

With its copper pendants, its minimalist interior and the tiled shop counter, Brass Monkey *doesn't have anything in common with those corny confectioner's shops. But still: The cupcakes, cakes and cookies – both vegan and regular – as well as the Greek specialty coffee prepared on a Marzocco machine are really delicious. A huge wooden table fills out the small space, inviting guests to indulge in the sweet treats and caffeinated drinks communally. If all seats are taken, take-away is also an option.*

Web: **brassmonkeyvienna.com**
Adresse: **1060, Gumpendorferstraße 71**
Tel: **+43 (0)1 8908 335**
Öffnungszeiten: **7.30-19.30 Mo-Fr**
10.00-19.00 Sa, 11.00-19.00 So

HEUTE MAL
DER LAKTOSE FREIGEBEN
EIN VEGANER TAG PRO WOCHE TUT UNS ALLEN GUT!
#heutemalvegan
VEGA VITA
einfach vegan genießen
VEGANES EIS
ERDBEER ♥ MOHN
AUS REIS
VEGA VITA
einfach vegan genießen
VEGANES EIS
MATCHA ♥ MANGO
AUS REIS
VEGA VITA
einfach vegan genießen
VEGANES EIS
HIMBEER ♥ NOCCIOLONE
AUS SOJA
Erhältlich bei BILLA, MERKUR & ADEG

Café Kafka

Vegetarian Viennese Coffee House

Das *Café Kafka* ist ein authentisches Wiener Kaffeehaus, in dem Leute stundenlang sitzen, rauchen, Zeitung lesen oder über alles und nichts diskutieren. Was dieses hier von anderen unterscheidet, ist die rein vegetarische Karte, auf der ausgesprochen gute, hauptsächlich orientalische Gerichte stehen. In den eingesessenen Kunstleder-Bänken vor roten Marmortischchen lässt sich die Zeit vergessen, die Patina an den Wänden und der abgenutzte Fischgrät-Parkett vervollständigen das typische gemütliche Kaffeehaus-Flair.

This is an authentic, unhurried Viennese coffee house where people hang out for hours smoking, reading the paper or discussing anything and everything. What distinguishes Café Kafka *is the exclusively vegetarian menu featuring downright good, mostly oriental dishes. Interior from the turn of the century, walls with a patina and a beautiful old herringbone parquet complete the typical coffee house flair.*

Web: **facebook.com/café-kafka-175447475842159**
Adresse: **1060, Capistrangasse 8**
Tel: **+43 (0)1 5861 317**
Öffnungszeiten: **8.00-24.00 Mo-Sa, 10.00-23.00 So**

CAFÉ
EINGANG

Zum Gschupftn Ferdl

Contemporary Organic Heuriger / Wine Tavern

Das Restaurant mit dem unaussprechlichen Namen ist eine witzige Neuinterpretation des klassischen Heurigen, eine in Ostösterreich typische Weinschenke. *Zum Gschupftn Ferdl* ist außerdem Österreichs erster zertifizierter Bio-Heuriger und serviert eine Auswahl an Wein und Brettljausn, zum Beispiel mit Würstl, Zwiebelschmalz, Aufstrich, Käse oder eingelegtem Gemüse bei der veganen Variante. Die flashige Theke erinnert an eine Achtziger-Jahre-Spielekonsole und wird durch eine alte Jukebox ergänzt, die neue Wiener Lieder spielt. Am Wochenende treten hier immer wieder lokale Live-Musiker auf.

The restaurant with the unpronounceable name offers a fun, modern take on the classic "Heuriger", a wine tavern typical in Eastern Austria. Zum Gschupftn Ferdl *is Austria's first certified organic "Heuriger", serving the typical selection of wine and cold plates (including a vegan one) with bread, spreads, cheese, sausage and pickles. The flashy counter is reminiscent of a 1980s gaming console and goes along well with an old-school jukebox playing new-school Viennese music. Many local artists also come here to perform on weekends.*

Web: **facebook.com/ZumGschupftnFerdl**
Adresse: **1060, Windmühlgasse 20**
Tel: **+43 (0)1 9663 066**
Öffnungszeiten: **ab 18.00 Mo-Sa**

Ferdl

Schuhe
Heurigenbuffet
Zum Gschupftn
Ferdl

Superfood Deli & Juice Deli

Superfoods & Organic Cleansing Juices

Im pittoresken Raimundhof haben sich das *Juice Deli* und das *Superfood Deli* zur ultimativen Vitamin-Tankstelle zusammengeschlossen. Hier bekommst du kaltgepresste Detox-Säfte sowie leckere Smoothie- und Açai Bowls zum Löffeln, Chia-Pudding, Detox-Suppen, vegane Desserts und Kaffee. Du spürst quasi schon während des Essens und Trinkens, wie deine Zellen durch all die Superfoods erneuert werden. Natürlich ist alles bio und in umweltfreundliche Glasflaschen und plastikfreie Behälter verpackt.

Hidden in a beautiful patio, Juice Deli *and* Superfood Deli *teamed up to become the ultimate vitamin station. Here you get cold-pressed detox juices, tasty smoothie and açai bowls, chia pudding, detox soups, vegan desserts and coffee. You can literally feel your cells starting to renew while eating and drinking all those superfoods. Naturally, all of the ingredients are organic and only eco-friendly glass bottles and plastic-free containers are used.*

Web: **fb.me/superfooddeli** — *Web:* **juicedeli.at**

Adresse: **1060, Mariahilferstrasse 45/20**

Tel: **+43 (0)664 9251282**

Öffnungszeiten: **8.30-18.00 Mo-Fr**
10.00-17.00 Sa

Öffnungszeiten: **8.30-18.00 Mo-Fr**
10.00-17.00 Sa

Joya
JOYA
KOKOSGURTS
SUPER CREMIG!
MANGO MARACUJA
aus Kokosmilch
NO SOY
OHNE SOJA
VIEL FRUCHT!
NATUR
ZUCKERFREI
aus Kokosmilch
ERDBEERE
AUS KOKOSMILCH!
WWW.JOYA.INFO

Interview Max Manavi-Huber

Art Director

Wer bist du und was machst du?
Seit kurzem bin ich Maximilian Manavi-Huber, also erstmals frisch-gebackener Ehemann. Ansonsten bin ich sehr gern am Berg, im Wald, auf dem Skateboard oder auf Reisen. Dazwischen versuche ich, mein kleines Design Studio *Cellar Door* zu etablieren und gebe ein bis zwei Mal im Monat Kalligrafie- und Lettering-Kurse. Ich bin ein sehr visueller Mensch, bin ständig auf der Suche nach dem eindrucksvollsten Ausblick oder Licht – fernab von Computerlicht, versteht sich.
Du bist kein geborener Wiener, richtig?
Ich bin ursprünglich aus einer kleinen Stadt in den Bergen der Obersteiermark, auch bekannt als Skiort Schladming. Nach dem Zivildienst kam ich nach Wien, um Grafik Design zu studieren und bin nun schon zehn Jahre hier hängen geblieben. Mich fasziniert Wien immer noch – aber ohne die Reisen, die ich mit meiner Frau unternehme, würde ich es nicht so lange in der Stadt aushalten.
Du bist auch ausgebildeter Barista und hattest einige Zeit einen Specialty Coffee Shop in Wien. Wo bekommt man den besten Kaffee der Stadt?
Ich gehe am liebsten zu meinem Freund Gianni ins *Wolfgang* oder nach einer frühmorgendlichen Radfahrt ins *POC*. Ansonsten mag ich das *Kaffee Süssmund* und das *Balthasar*. Alle diese Lokale überzeugen mit direkt gehandeltem Spezialitätenkaffee und besten Röstungen. Am liebsten trinke ich schwarzen Filterkaffee aus einem Drip Coffee Verfahren.
Wo bekommt man das beste vegane Essen?
Für ein gutes, ausgewogenes Mittagessen gehe ich gerne ins *St. Josef*, die Mittagsteller sind leider nicht günstig, aber jedes Mal sehr lecker. Wir kochen sehr gerne zu Hause, aber am Sonntag gehen wir gerne eine Pizza essen in die *Bio-Pizzeria Vero*, dort gibt es alle Pizzen mit Dinkel-Vollkornteig. Weil ich veganen Käse nicht mag, bestelle ich immer die Vegetariana ohne Käse, dafür mit Rucola.
Und wenn du mal so richtig ausgedehnt frühstücken willst, wohin gehst du?
Wenn wir es uns gut gehen lassen wollen, genießen wir das tex-mex-angehauchte Frühstück im *Erich* – aber ich muss leider sagen, dass es in Wien an einer Sache fehlt und das wäre ein perfektes Frühstückslokal, das auch guten Kaffee zubereitet. Eine Marktlücke!
Deine Lieblingsbar?
Die Parfümerie! Das optisch sehr ansprechende Lokal beeindruckt mit Cocktailkreationen, Craft Bier und Weinen. Wenn ich etwas Spezielles trinken möchte, frage ich den Chef Gilles nach einer Whiskey Empfehlung.

Please tell us a little bit about yourself. Who are you and what do you do?
I haven't been Maximilian Manavi-Huber for long, so first of all, I'm a newlywed husband. Apart from that, I like being in the mountains, in the forest, on my skateboard or travelling. In between, I try to establish my small design studio Cellar Door *and I offer calligraphy and lettering workshops once or twice a month. I am a very visual person and I think that has led me to surround myself with well-designed things. I am constantly searching for the most impressive view or light – apart from my computer's light, obviously.*

You were not born in Vienna. Why did you come here and what made you stay?
Originally, I come from a small town in the mountains of Upper Styria, which is known as the winter sports resort Schladming. After my year of community service, I went to Vienna to study graphic design and now, I have been here ten years already. I like living here, yet I am drawn away often and wouldn't be able to stay in the city for such a long time without all the trips and travels I do with my wife.
You are not only an art director, but also a skilled barista. Where do you get the city's best coffee?
I personally love going to my friend Gianni at Wolfgang *or to* POC *after an early-morning bike-ride. Otherwise, I can recommend* Kaffee Süssmund *and* Balthasar. *All of these places offer direct-trade coffee and the best roasts. My favourite is black filter coffee from a drip coffee maker.*
Where do you get the best vegan food in Vienna? And can you recommend a dish we should try?
For a good, wholesome meal I like going to St. Josef, *the lunch specials are not cheap, but really tasty every time. We love cooking at home, but on Sundays we like to have pizza at the pretty new* Bio-Pizzeria Vero *where you can choose to get a spelt whole grain dough. I don't like vegan cheese too much, so I always order the* Vegetariana *with arugula instead of the cheese.*
And if you feel like having an extensive breakfast once in a while, where do you go?
When we feel like spoiling ourselves, we enjoy the Tex-Mex style breakfast at Erich, *but I must say that there is one thing missing in Vienna and that's the perfect breakfast restaurant that also serves decent coffee. I can't find any!*
Which one is your favourite bar?
Friends of mine opened – recently, a well designed location with constantly changing cocktail creations, craft beer and wine. If I want something special, I ask the boss Gilles for his whiskey recommendations.

Dancing Shiva Superfoods

Vegan & Raw Superfoods

Hast du schon einmal Raw Brunch probiert? Wenn nicht, solltest du unbedingt an einem Samstag hierher kommen! Mit seinem farbenfrohen, indischen Interieur und der großen Auswahl an rohen, biologischen, veganen Gerichten voll mit Superfoods passt das *Dancing Shiva* perfekt in Wiens Bobo-Bezirk Neubau. Das Lokal ist groß, verwinkelt und hat einen hübschen, begrünten Gastgarten für wärmere Tage. Wenn du nach Superfoods, Tee, Kräutern, Aloe Vera oder Algen suchst, um deinem Körper Gutes zu tun, wirst du im angrenzenden Shop ziemlich sicher fündig.

Ever tried raw brunch? If not, you should come here on a Saturday! With its colourful, Indian-style interior and a great selection of raw, organic vegan dishes stuffed with healthy superfoods, Dancing Shiva *attracts quite a crowd in Vienna's bobo quarter Neubau. This place is full of nooks and crannies, and the green backyard is especially nice on warmer days. If you are looking for superfoods, tea, herbs, aloe, algae or anything else you need for pampering your body at home, browse the affiliated shop.*

Web: **dancingshiva.at**
Adresse: **1070, Neubaugasse 58**
Tel: **+43 (0)1 5247 843**
Öffnungszeiten Restaurant: **11.00-21.00 Do-Fr, 10.00-21.00 Sa**
Öffnungszeiten Shop & Take Away: **11.00-19.00 Mo-Fr, 10.00-18.00 Sa**

Burggasse 24

Coffee, Cake & Second Hand Fashion

Im Second Hand Store *Burggasse 24* kann man nicht nur individuelle Kleidungsstücke mit Geschichte shoppen, sondern sich bei Kaffee und Kuchen auch eine Pause vom Anprobieren gönnen. Frühstück wird in dem wilden Vintage-Möbel-Mix ebenfalls aufgetischt, mit Namen wie Kraftwerk (Ofen-Süßkartoffel mit Joghurt oder Sojaghurt) oder Süden (Avocado-Salsa, Pico di Gallo, toskanisches Ofengemüse, Baked Beans, Hummus und Bulgur-Porridge). In der Nähe befinden sich auch das *Liebling* und das *Schadek,* alle haben den gleichen Besitzer und sind Herzstücke der Wiener Hipster-Gemeinde.

At the second-hand store Burggasse 24, *you cannot only shop for individual clothing with a history, but also take a break with coffee and cake. There is also breakfast, served among a wild mix of vintage furniture, and bearing names like* powerhouse *(oven sweet potato soy yoghurt) or* south *(avocado salsa, roasted vegetables, hummus and bulgur porridge).* Liebling *and* Schadek *are located nearby – all are some of the Viennese hipster's favourite places.*

Web: **burggasse24.com**
Adresse:
1070, Burggasse 24
Tel: **+43 (0)677 61641784**
Öffnungszeiten:
10.00-22.00 Mo-Sa
10.00-18.00 So

Web: **fb.me/liebling1070**
Adresse Liebling:
1070, Zollergasse 6
Tel: **+43 (0)1 9905 877**
Öffnungszeiten: **9.00-2.00**
Mo-Do, 9.00-24.00 Fr-Sa
9.00-02.00 So

Web: **fb.me/schadekgasse12**
Adresse Schadek:
1070, Schadekgasse 12
Tel: **+43 (0)650 5318 551**
Öffnungszeiten:
10.00-2.00 Mo-Sa
10.00-24.00 So

GINGER-LEMON TEA
MINT TEA
TEA + RUM
CHEESE CAKE
VEGAN BROWNIES
PEANUT BUTTER BLONDIES
SOYA-ALMOND-CINNAMON LATTE
LEMONAID

Erich

Fancy Gin Tonics & Healthy Bowls

Allein schon wegen des mit Blattgold ausgekleideten Raumes ist es einen Besuch wert, doch im *Erich* lässt es sich auch genüsslich schlemmen. Neben Schwarzbrot-Toasts und Tacos – inklusive veganer Option mit Kürbis, Hummus, Harissa, Granatapfel und Chilli – gibt es hier zur Jahreszeit passende Bowls, im Winter zum Beispiel mit Quinoa, Hokkaidokürbis oder Topinambur. Abends kann man nach dem Essen einen Premium Gin Tonic genießen, im Sommer im riesigen Gastgarten draußen sitzen. Und ist mal kein Platz frei, wartet ums Eck gleich der „große Bruder“ *Ulrich.*

Erich *is well worth a visit for the room full of golden walls, but you can also feast on great food here. Apart from wholegrain toasts and tacos – including a vegan option filled with pumpkin, hummus, Harissa, pomegranate and chili – they offer seasonal bowls, for example with quinoa, Hokkaido pumpkin or topinambour in winter. Additionally, you can relish a premium gin tonic after dinner and sit in the pub garden in the summer. If you don't get a table, just head over to Erich's "big brother"* Ulrich *around the corner.*

Web: **erichwien.at**
Adresse: **1070, Neustiftgasse 27**
Öffnungszeiten: **8.30 -2.00 Mo-So**

Web: **ulrichwien.at**
Adresse: **1070, St. Ulrichsplatz 1**
Tel: **43 (0)1 9612 782**
Öffnungszeiten: **8.00-1.00 Mo-Fr**
9.00-1.00 Sa-So

*7*Stern*

Cultural Space, Café & Restaurant

Das *7*Stern* ist Kulturzentrum, Café, Restaurant, Veranstaltungslocation und Art-Space in einem. Abends finden hier Konzerte und Lesungen statt, untertags kann man im Coffice in entspannter Atmosphäre arbeiten oder im Lokal und Gastgarten über Politik und Kultur philosophieren. Das Frühstück ist grandios – wer kann schon bei hausgemachtem Granola und Mohn-Kokos Porridge mit Quittenkompott und Kokos-Karamell widerstehen? Wer's herzhaft mag, bestellt das Shakshuka, probiert eine gesunde Lunch-Bowl oder einen leckeren Flammkuchen.

The 7*Stern *is an all-in-one cultural centre, café, restaurant, event location, and art space. Concerts and readings happen here during the evenings, during the day you can work in the relaxed atmosphere of the "coffice" or discuss politics and culture in the café and outside patio. Their breakfast is superb – who can say no to homemade granola or poppyseed-coconut porridge with quince compote and coconut caramel? If you are more of the savoury type, order the shakshuka, try a healthy lunch bowl or a yummy tarte flambée.*

Web: **7stern.net**
Adresse: **1070, Siebensterngasse 31**
Tel: **+43 (0)699 1523 6157**
Öffnungszeiten: **9.00-2.00 Mo-So**

Health Kitchen

Low Carb Food Around the World

In der *Health Kitchen* wird internationale Low Carb-Küche zubereitet. Das klingt im ersten Moment vielleicht etwas langweilig, schmeckt aber ziemlich gut und eignet sich perfekt für die Mittagspause, da die gesunden, leicht bekömmlichen Speisen nicht müde machen. Von Singapore Laksa über karibisches Jambalaya, eine New Zealand Green Bowl oder – wer's lieber österreichisch mag – einen steirischen Käferbohnen-Rettich-Salat führt dich die Auswahl hier wirklich um die ganze Welt. Mamas und Papas werden sich außerdem über die Kinderspielecke freuen.

Health Kitchen *prepares international low-carb food. What may sound a little boring at first is pretty tasty and a perfect choice for lunch breaks, because you don't end up tired after eating the beneficial, easily-digestible dishes. From Singapore Laksa to Caribbean Jambalaya, a New Zealand Green Bowl or – if you prefer Austrian food – a Styrian multiflora bean radish salad, the variety of dishes really takes you around the world. Mums and dads will also be happy to hear about the kid's corner.*

Web: **myhealthkitchen.com**
Adresse: **1070, Zollergasse 14**
Tel: **+43 (0)664 1785 502**
Öffnungszeiten: **9.00-22.00 Mo-Sa**
9.00-18.00 So

Willkommen im Feierabend!
Brot und Wein, Gemüse aus dem eigenen Garten,
großartige regionale Zutaten und herausragende Rezepte.
Alles, was man für einen schönen Feierabend braucht.
Landstraßer Hauptstraße 82
www.ströck-feierabend.at
Ströck
Feierabend
Brot und Wein
EST. 2013

Bao Bar

Modern Taiwanese Diner & Bao Bar

Das *Momofuku* in New York ist berühmt dafür und auch das *Mochi* in Wien bietet sie an, doch die winzige *Bao Bar* hat etwas, das all den anderen fehlt: eine vegane Variante der leckeren Gua Baos. Diese weichen, gedämpften Teigfladen aus Taiwan sind eine Art asiatischer Burger und werden in der *Bao Bar* in einem selbstgebauten Bambusdämpfer hergestellt. Die fleischlose Version ist mit Tofu, Avocado, Limette, Rotkraut und Kimchi-Sauce gefüllt, wer Hunger auf mehr hat, bestellt sich dazu hausgemachte Süßkartoffel-Pommes mit Kimchi-Ketchup.

Momofuku *in New York is famous for them and Vienna's* Mochi *offers them too. Still, the tiny* Bao Bar *has got something nobody else does: a vegan version of the delicious Gua Baos. These soft, steamed buns from Taiwan are an Asian take on burgers, and they are homemade here in a self-built bamboo steamer. The meat-free option is filled with tofu, avocado, lime, red cabbage and kimchi sauce, and if you are hungry for more, you can order homemade sweet potato fries with kimchi ketchup.*

Web: **baobar.at**
Adresse: **1070, Zollergasse 2**
Öffnungszeiten: **12.00-20.00 Mo-Sa**

バオバー
BAO BAR
BAO BAR
バオバー
BAO BAR

Naturkost St. Josef

Organic Groceries & Vegan Lunch

Seit 1986 kann man im *St. Josef* nicht nur rein biologische Lebensmittel einkaufen, sondern auch ausgezeichnet speisen. Täglich wechselnde, vegetarische und vegane Mittags-Menüs und ein ausgezeichnetes Salatbuffet stillen selbst den größten Hunger. Morgens kannst du dir ein Frühstück nach deinem Geschmack zusammenstellen, zum Beispiel mit Grießbrei, belegten Broten oder Mehlspeisen. An der Getränkebar gibt es frisch gepresste Säfte und Vital-Shots und der Fair-Trade-Kaffee stammt von der Rösterei *Alt Wien*.

Since 1986, St. Josef *does not only sell exclusively organic groceries, but also serves excellent food. Daily vegetarian and vegan lunch specials and an extensive salad buffet satisfy even the biggest appetite. In the morning, you can compile a breakfast for your taste – this could include semolina porridge, sandwiches or a danish. At the drink bar, you will get freshly-squeezed juices and vitality shots, and the coffee is a fair trade one by the* Alt Wien *roast house.*

Web: **bit.ly/StJosef**
Adresse: **1070, Zollergasse 26**
Tel: **+43 (0)1 5266 818**
Öffnungszeiten: **8.00-17.00 Mo-Fr, 8.00-16.00 Sa**

Mohn
zelten

Café Europa

Anytime Go-To Restaurant & Bar

Das *Europa* ist ein alter Hase und dennoch eines der wenigen Lokale, die nie langweilig werden. Hier wird bis Mitternacht gegessen, bis in den frühen Morgen Spritzwein getrunken, vormittags gefrühstückt oder nachmittags bei einem Kaffee genüsslich die Zeitung studiert – das *Europa* ist immer geschäftig und zieht zu jeder Tages- und Nachtzeit Leute an. Von klassisch österreichischer bis zu exotischer Küche werden hier kleine und größere Speisen serviert, zum Beispiel Pitabrot mit Hummus oder Thai Curry. Wer sich unter die Wiener mischen will, ist hier richtig!

Café Europa *has been around forever, but is still one of those places that never gets old. You can eat here until midnight, have drinks until the early morning, enjoy a late breakfast or study today's paper with a coffee in the afternoon –* Europa *is always busy and attracts a crowd during the daytime and night time. From classic Austrian to exotic cuisine, they serve smaller and larger dishes like pita bread with hummus or Thai curry. If you want to mingle with the Viennese, you should come here!*

Web: **europa-lager.at**
Adresse: **1070, Zollergasse 8**
Tel: **+43 (0)1 5263 383**
Öffnungszeiten: **9.00-5.00 Mo-So**

OK KID
OK KID

Hotel am Brillantengrund

Authentic Pinoy Food Amidst Palm Trees

Wiens charmantesten Innenhof findest du im *Hotel am Brillantengrund* – hier hat man fast den Eindruck, an der italienischen Riviera statt im Wiener Stadtzentrum zu sein. Das alte Hotel wurde 2013 von dem ehemaligen Grafiker Marvin Mangalino übernommen, der es renovierte, aber die originalen 1950er Möbel behielt. Im Restaurant kocht Marvins Mutter, die von den Philippinen stammt, authentisches Pinoy Food nach geheimen Familienrezepten. Es sind auch immer vegane und vegetarische Speisen dabei. Außerdem finden hier regelmäßig Events wie Fotoausstellungen, Vintage Möbelmärkte oder eine Outdoor Disco statt.

Vienna's most charming courtyard can be found inside of the Hotel am Brillantengrund *– one might get the impression of being at the Italian Riviera instead of the Viennese city centre. The old hotel was acquired in 2013 by Marvin Mangalino, a former graphic designer who renovated it but kept all the original 1950s furniture. At the restaurant, Marvin's mother, who originally is from the Philippines, cooks authentic Pinoy food including vegetarian and vegan dishes. Events like photo exhibitions, vintage furniture markets or an outdoor disco are also happening here on a regular basis.*

Web: **brillantengrund.com**
Adresse: **1070, Bandgasse 4**
Tel: **+43 (0)1 5233662**
Öffnungszeiten: **10.00-22.00 Mo-Sa, 10.00-16.00 So**

MQdaily

Food & Drinks in the Middle of Vienna's Culture Hub

Das *MQdaily* ist eines der Restaurants in der Mitte von Wiens Kunst- und Kultur-Knotenpunkt, dem MuseumsQuartier (MQ). Alle Lokale hier sind eine gute Wahl für vollmundigen Kaffee, frisch gekochtes Essen oder einen entspannten Drink, doch das *MQdaily* hat einige vegane Gerichte auf der Speisekarte und kennzeichnet diese auch. Im Sommer ist der große Gastgarten der perfekte Ort, um auf dem riesigen Platz mitten im MQ Leute zu beobachten, und im Winter kannst du dich drinnen mit einem Punsch oder Glühwein aufwärmen.

MQdaily *is one of the restaurants located in the middle of Vienna's arts and culture hub* MuseumsQuartier (MQ). *All of them are a great choice for full-bodied coffee, fresh food and a relaxed drink, but* MQdaily *labels the vegan and vegetarian dishes in their menu. In summer, the outside patio is the perfect place for spotting people on the huge square in the middle of* MQ, *and in the winter, you can heat up inside with a hot punch or glühwein.*

Web: **mqdaily.at**
Adresse: **1070, Museumsplatz 1**
Tel: **+43 (0) 1 5224 524**
Öffnungszeiten: **9.00-1.00 Do-Sa**
9.00-24.00 Mo-Mi und So

Old Quarter

Franco-Vietnamese Baguettes & Minimal Interior

Schon mal von *Bánh Mì* gehört? Diese franko-vietnamesischen Baguettes sind innen luftig, außen knusprig und mit traditionell vietnamesischen Zutaten gefüllt. Klingt lecker? Ist es auch. Die vegetarisch-vegane Variante mit aromatischer, selbst eingelegter Aubergine schmeckt vorzüglich. Obendrein ist das minimalistisch eingerichtete *Old Quarter* mit seinen dunklen Wänden, Holztischen und Stahldraht-Barhockern auch was für's Auge. Nach dem Essen kannst du einen direkt gehandelten, vietnamesischen Filter-Kaffee oder eine preisgekrönte Schokolade aus vietnamesischen Kakaobohnen von Marou genießen, bevor du dich wieder ins Getümmel stürzt.

Ever heard of bánh mì? *These Franco-Vietnamese baguettes are fluffy on the inside, crunchy on the outside and filled with traditional Vietnamese ingredients. Sound delicious? Well, it is. The vegetarian/vegan version with aromatic, home-pickled eggplant tastes delicious. What's more, the minimalistic interior of the* Old Quarter *with its dark walls, wooden tables and wire barstools is easy on the eye. After eating, you can enjoy a direct trade Vietnamese coffee or an award-winning chocolate made of Vietnamese cocoa beans by Marou before entering the fray again.*

Web: **oldquarter.at**
Adresse: **1070, Westbahnstraße 10**
Tel: **+43 (0)664 2701 790**
Öffnungszeiten: **11.30–19.00 Di-Sa**

Rote Rübe

Greek Bistro With All-Day Breakfast

Die *Rote Rübe* ist ein winziges Lokal, das den ganzen Tag lang köstliches Frühstück, kleine griechische Gerichte und Crêpes serviert, darunter natürlich auch viele vegetarische und manche vegan(isierbar)e Optionen. In den wärmeren Monaten empfehlen wir dir, einen der leckeren Salate und frischgepressten Säfte zu probieren, und in der kalten Jahreszeit wärmst du dich am besten auf dem Tischchen neben dem Holzofen. Das gemütliche Bistro ist mit charmanten Vintage-Möbeln eingerichtet und die Besitzerin, eine freundliche griechische Frau, kocht und serviert alle Gerichte selbst. Nach wie vor ein Geheimtipp, und zwar einer unserer liebsten!

Rote Rübe *is a tiny place serving delicious all-day breakfast and small Greek dishes and crêpes, including many vegetarian and some vegan(isable) options. In the warmer months, we recommend you try one of the tasty salads and freshly-squeezed juices, and in the colder months, you better try to get the spot next to the woodfire oven. The cosy bistro is furnished with a charming vintage interior and the owner, a welcoming Greek lady, cooks and serves all dishes herself. Still a secret spot, and one of our favourites!*

Web: **www.rote-rübe.com**
Adresse: **1070, Zieglergasse 37**
Tel: **+43 (0)650 79 13 860**
Öffnungszeiten: **9.00-16.00 Di-Sa**
(Oktober bis Mai auch 9.00-16.00 So)

Wolfgang

Specialty Coffeeshop & Concept Store

Schöne Dinge shoppen, Kaffee verkosten und veganen Kuchen schnabulieren – all das kann man im *Wolfgang,* dem Specialty Coffee Shop im *QWSTION Invites Store.* Ob mit Handfilter oder mit der Faema E71, dein Kaffee wird hier meisterhaft zubereitet und schmeckt außergewöhnlich. Der hauseigene Espresso-Roast heißt Leitwolf und der Haus-Filter Wolfshund, beide stammen aus Mikro-Röstereien in Wien und Garmisch-Partenkirchen und werden direkt mit den Kaffeebauern gehandelt. *Wolfgang* bietet außerdem ein wechselndes Angebot an Kaffeesorten und an frischen, meist veganen Mehlspeisen und Kuchen.

Shopping beautiful things, tasting coffee and nibbling vegan cakes – all that is possible at Wolfgang, *the specialty coffee shop at the* QWSTION Invites store. *No matter if you order a hand-filter or an espresso made with the Faema E71, your coffee is always prepared expertly and tastes exceptionally. The in-house espresso roast* Leitwolf *and the in-house filter coffee* Wolfshund *come from micro-roasters in Vienna and Garmisch-Partenkirchen, who trade directly with the coffee farmers. On top,* Wolfgang *offers a changing selection of coffee variants and fresh, mostly vegan cakes and muffins.*

Web: **www.wolfgangcoffee.at**
Adresse: **1070, Zieglergasse 38**
Tel: **+43 (0)650 2200 380**
Öffnungszeiten: **08.00–19.00 Mo-Fr, 11.00–18.00 Sa**

deli bluem & bluem im museum

International Plant-Based Slow Food

Ex-Finanzberaterin Andrea Vaz-König holte sich die Inspiration für ihr rein pflanzliches *deli bluem* in Berlin und London, wo sie in veganen und Raw-Food Restaurants kochen lernte. Die internationalen Einflüsse zeichnen sich in einem asiatischen Frühstück, mediterranen Brotaufstrichen und vielen Hauptgerichten ab, zum Beispiel geröstete Pilze mit rotem Camargue Reis, Thymian und Zimt. Ihre Liebe zum Detail spürt man nicht nur bei den Speisen, sondern auch bei der Einrichtung: mit Blumen geschmückte Luster hängen hier über neu bezogenen 50er-Jahre-Sesseln. Toll: der charmante Garten in der Depandance *bluem im museum.*

Ex-banker Andrea Vaz-König found the inspiration for plant-based deli bluem *in Berlin and London, where she studied and cooked at vegan and raw-food restaurants. Her international influences are reflected in an Asian breakfast, Mediterranean bread spreads and mains like roasted mushrooms with Carmargue rice, thyme and cinnamon. Her love for detail not only applies to the food, but is also reflected in the interior; chandeliers decorated with flowers are hanging over newly-upholstered 1950s chairs.*

Web: **delibluem.com**

deli bluem: **1080, Hamerlingplatz 2**
Tel: **+43 (0)1 8900 449**
Öffnungszeiten: **8.00-19.00 Mo-Fr**
9.00-18.00 Sa-So

deli bluem im museum:
1080, Laudongasse 15
Tel: **+43 (0)1 4068 905 10**
Öffnungszeiten: **10.00-17.00 Di-So**

Cafe der Provinz

Crêpes & Waffles for the Francophile

Das shabby-schicke *Cafe der Provinz* liegt versteckt in einer kopfsteingepflasterten Seitengasse und dürfte der Himmel für Frankophile sein. Hier kannst du dich durch 18 verschiedene Galettes und 20 Crêpes und Waffeln kosten, die ausschließlich mit Sojamilch, frisch gemahlenem Buchweizen und Dinkel zubereitet werden. Die Crêpe aux Glaces mit Früchten und Eis von *Schelato* ist himmlisch! Unter der Woche kannst du auch frühstücken – die Bio-Tee-Auswahl ist beeindruckend – und am Wochenende und an Feiertagen bis 15 Uhr ausgiebig und biologisch brunchen. Auch Bücher aus dem hauseigenen Verlag und Kleinigkeiten wie handgemachte Naturseifen kannst du hier erstehen.

The shabby-chic Cafe der Provinz *is hidden in a cobblestone back alley and must be heaven for the Francophile. Here, you can indulge in 18 different galettes and 20 different crêpes and waffles, all prepared exclusively using buckwheat, spelt and soy milk. The crêpe aux glaces with fruit and ice cream by* Schelato *is heavenly! On weekdays, you can also have breakfast – their organic tea selection is great – and on weekends and public holidays, they offer an extensive organic brunch until 3 pm. You can buy books and bits and bobs like homemade natural soaps at* Cafe der Provinz, *too.*

Web: **cafederprovinz.at**
Adresse: **1080, Maria-Treu-Gasse 3**
Tel: **+43 (0)1 944 22 72**
Öffnungszeiten: **8.00-23.00 Mo-So**

Limoni's

Organic & Regional Take-Away

Die frische, limettengrüne Decke springt einem im *Limoni's* gleich ins Auge, ansonsten ist das kleine Lokal, das auf schnelle, aber gesunde Küche spezialisiert ist, freundlich-minimalistisch eingerichtet. Fast nur regionale und saisonale Produkte mit Bio-Zertifikat werden hier verarbeitet, die Sojaprodukte kommen aus dem Burgenland, der Kakao von *Schokov,* Kuchen und Süßes aus der *simply raw bakery.* Die Smoothies heißen Artiger Anton oder Mutiger Max und bei den leckeren Sandwiches, knackigen Salate und wärmenden Suppen und Curries ist für jeden Geschmack etwas dabei.

The fresh, lime-coloured ceiling is the first thing to catch your eye here. Apart from that, Limoni's, *which specializes in fast-but-healthy food, is furnished in a friendly and minimalistic way. Nearly all ingredients used here are regional, seasonal and certified organic, with soy products coming from Burgenland, cocoa from* Shokov, *and cake and dessert from the* simply raw bakery. *The smoothies are named "Courteous Anton" or "Courageous Max", and the yummy sandwiches, fresh salads, and warming soups and curries cater for all tastes.*

Web: **limonis.at**
Adresse: **1080, Josefstädter Straße 73**
Tel: **+43 (0)1 4025 689**
Öffnungszeiten: **7.30-18.30 Mo-Fr**

nimmersatt

Organic, Seasonal, Vegan Delicacies & Shakes

Erinnerst du dich noch an *Die kleine Raupe Nimmersatt,* die sich seitenlang durch frisches Obst und Gemüse knabbert? Im *nimmersatt* kannst du es dem Kinderbuch gleich tun und dich durch biologische, saisonale und rein vegane Speisen kosten. Jeden Tag werden andere Gerichte zubereitet – je nachdem, was bei den Biobauern aus der Region gerade zu bekommen ist. Neben hausgemachten Salaten, Suppen und Aufstrichen gibt es täglich ein Mittagsgericht, Sandwiches, Desserts sowie frisch zubereitete Smoothies und Shakes, in die auch mal Wildkräuter, Blätter von Fenchel und Karotten oder sogar junge Triebe von Dinkel und Gerste gemixt werden.

Do you remember "The Very Hungry Caterpillar" that nibbles through fresh fruit and veggies for pages? At nimmersatt, *you can emulate the children's book's classic protagonist and savour organic, seasonal, exclusively vegan food. Every day, you will get different dishes here. Apart from homemade salads, soups, and spreads,* nimmersatt *serves a daily lunch special, sandwiches and dessert as well as fresh smoothies and shakes, in which edible wild herbs, leaves of fennel and carrot or sometimes even young spelt or barley shoots are mixed.*

Web: **nimmersatt-smoothies.at**
Adresse: **1080, Schlösselgasse 24**
Tel: **+43 (0)680 3008 218**
Öffnungszeiten: **9.00-16.00 Mo-Fr**

es gibt Reis

Southeast-Asian Food & Outstanding Cocktails

Was haben Helge Schneider und Asien gemeinsam? Die Antwort bekommst du im *es gibt Reis*. Die süffigen, teilweise asiatisch inspirierten Cocktails tragen hier Namen wie Schüttel dein Haar oder Fitze Fatze – angelehnt an Songs des deutschen Kult-Komikers. Trotz Bar-Atmosphäre wird unglaublich gute, südostasiatische Küche in unterschiedlichen Größen serviert – es gibt Kleines, Mittleres und Großes und natürlich nicht ausschließlich Reis. Unbedingt probieren: den Puff Reis Tonic, den Fermented Tea Leaf Salad und das Khao Soi.

What do comedian Helge Schneider and Asia have in common? You will get the answer at es gibt Reis *("there is rice"). The smooth, partly Asian-inspired cocktails bear names like "Schüttel dein Haar" ("Shake your hair") or "Fitze Fatze" – based on songs by the German comedian. Despite its bar atmosphere, they serve incredibly good Southeast-Asian cuisine in different sizes – small, medium and large and not only rice, as the name would suggest. You have to try the Puff Rice Tonic, the Fermented Tea Leaf Salad and the Khao Soi.*

Web: **fb.me/esgibtreiswien**
Adresse: **1080, Piaristengasse 15**
Tel: **+43 (0)1 8905 587**
Öffnungszeiten: **17.00-23.00 Mo-Do, 17.00-24.00 Fr-Sa**

Baschly

Homemade Falafel & Israeli Street Food

Dir ist nach einem schnellen Imbiss, aber fad soll er nicht schmecken? Bei *Baschly* bekommst du aromatisches israelisches Street Food, zum Beispiel ausgefallen gefüllte Pitas, Wraps und Boxen, hausgemachte Falafel, orientalische Aufstriche, Salate, Süßkartoffel Chips und Bio-Limo. Deine Bestellung wird dir gerne individualisiert und veganisiert und die beiden Gerichte *Tel Aviv* und *Classic Falafel* sind sowieso rein pflanzlich. Das hebräische Wort *Baschly* bedeutet übrigens soviel wie Freund oder Bruder und so wirst du hier als Gast auch empfangen.

You are feeling like a fast snack, but don't want it to taste stale? At Baschly, *you will get aromatic Israeli street food such as exceptionally filled pitas, wraps or boxes, homemade falafel, Middle Eastern spreads, salad, sweet potato chips, or organic lemonade. Your order is happily individualised and veganised while the two dishes* Tel Aviv *and* Classic Falafel *are plant-based anyway. By the way, the Hebrew word* Baschly *means "friend" or "brother" and that's exactly how you are treated here.*

Web: **baschly.com**
Adresse: **1090, Schwarzspanierstraße 22**
Tel: **+43 (0)676 8443 444 44**
Öffnungszeiten: **11.00-19.00 Mo-Do, 11.00-16.00 Fr**

Suppenwirtschaft

International Comfort Food For The Soup Lover

Das Servitenviertel besticht mit seinem Altwiener Grätzl-Flair, mit gepflegten Zinshäusern, aufwändigen Dachausbauten und historischen Orten wie dem *Palais Liechtenstein.* Mitten drinnen befindet sich die *Suppenwirtschaft,* in der man Flüssignahrung aus aller Welt bekommt: von ungarischer Krautsuppe, indischem Garam Masala Curry, italienischer Minestrone bis zu thailändischer Kokossuppe oder klassisch österreichischer Bärlauchcremesuppe. Fast alle Speisen werden aus saisonalen und heimischen Produkten hergestellt und sind dank viel Gemüse, Ballaststoffen und Vitaminen leicht bekömmlich und gesund.

The Serviten quarter is an old Viennese neighbourhood with a special flair thanks to well-maintained houses, sophisticated loft conversions and historic sites like Palais Liechtenstein. *In the middle of it, you find* Suppenwirtschaft, *where you get liquid food from all over the world: from Hungarian cabbage soup, Indian garam masala curry or Italian Minestrone to Thai coconut soup. Nearly all dishes are prepared with seasonal, regional products and are wholesome and healthy because they are full of veggies, dietary fibre, and vitamins.*

Web: **suppenwirtschaft.at**
Adresse: **1090, Servitengasse 6**
Tel: **+43 (0)1 3176 745**
Öffnungszeiten: **11.30-16.00 Mo-Fr**

SECOND HAND

Beaver Brewing Company

Craft Beer & Bar Food

In der *Brewing Company* des Amerikaners David Beaver wird – wie der Name bereits verrät – selbst gebraut: in der hauseigenen Brauerei. Neben fünf klassischen Craft Bier Varianten kann man sich hier durch wechselnde experimentelle Biersorten kosten, zum Beispiel mit Mandarine und Lavendel versetztes Pale Ale. Dazu wird typisch amerikanisches Bar Food serviert. Den Sweet & Sour Seitan-Burger mit Wasabi, Wakame-Seetang und Süßkartoffel-Pommes können wir dir wärmstens empfehlen.

As the name suggests, the Brewing Company *by US-American David Beaver brews its own beer in their in-house brewery. Apart from five classic craft beers you can taste seasonal, experimental creations like pale ale infused with mandarins and lavender. The drinks come with typical American bar food. We can warmly recommend the sweet & sour seitan burger with wasabi, Wakame seaweed and sweet potato fries.*

Web: **beaverbrewing.at**
Adresse: **1090, Liechtensteinstraße 69**
Tel: **+43 (0) 677 6101 2253**
Öffnungszeiten: **11.30-24.00 Mo-Do, 11.30-1.00 Fr**
10.00-1.00 Sa, 10.00-24.00 So

BEER

mittendrin

Food With Social Impact

Das *mittendrin* ist Teil eines innovativen Wohnprojekts: In dem Gebäude leben Studierende und ehemals obdachlose Menschen zusammen, der Reingewinn des Lokals kommt dem Verein *VinziRast* zugute, der Einrichtungen für obdachlose oder ehemals obdachlose Menschen betreibt. Neben dem freundlichen Service sorgen der gegossene Boden, die mit Kaffeesäcken bezogenen Sitzbänke und eine massive Bar aus alten Holzbalken für eine gemütliche Atmosphäre, die zum Verweilen einlädt – ebenso wie die Preise der kleinen Speisen und Mittagsmenüs, die wirklich günstig sind und schmecken.

mittendrin *(German for "in the middle") is part of an innovative project: In its building, students and formerly homeless people live side-by-side while the restaurant's profits go entirely to an organisation supporting homeless or formerly homeless people. The restaurant draws you in with a welcoming service and a homely atmosphere with its cast plaster floor, benches upholstered with old coffee bags, and a massive counter made of old wooden beams. The low prices for the small dishes and lunch specials let you dwell a little while.*

Web: **mittendrinrestaurant.wordpress.com**
Adresse: **1090, Währinger Staße 19**
Tel: **+43 (0)1 2350 772-14**
Öffnungszeiten: **10.00-24.00 Mo-Fr, 18.00-24.00 Sa**

bröselei

Vegan & Gluten-Free Bakery & Bistro

Die *bröselei* ist Wiens erste völlig glutenfreie Bäckerei, trotzdem bekommst du hier Gebäck, Brot, Mehlspeisen, Kuchen sowie einen veganen und glutenfreien Mittagstisch. Besitzerin Sabine Aichmann ist studierte Diätologin und ernährt sich aus gesundheitlichen Gründen seit Jahren völlig glutenfrei. Nachdem sie monatelang mit unterschiedlichen Getreidesorten herumexperimentiert hatte, eröffnete sie die *bröselei* und verkauft dort handgemachte, allergie- und veganfreundliche Backwaren, die mindestens genauso gut schmecken wie das glutenhaltige Pendant.

The bröselei *is Vienna's first totally gluten-free bakery offering breads, bread rolls, pastries and cakes as well as both vegan and gluten-free lunch specials. Owner Sabine Aichmann has studied dietetics and eats completely gluten-free for health reasons. After months of experimenting with different types of grains, she opened the* bröselei, *where she is now producing handmade, allergy and vegan friendly baked goods that are definitely as good as their conventional equivalents.*

Web: **broeselei.at**
Adresse: **1090, Strudlhofgasse 1**
Tel: **+43 (0)650 4800 633**
Öffnungszeiten: **11.30-15.00 Mo-Fr**

Bio-Pizzeria Vero

Organic & Vegan Spelt Flour Pizza

Hübsche Lampen und ein bunt gefliester Pizza-Ofen bringen ein bisschen Farbe in den sonst minimalistisch-modernen Look der *Bio-Pizzeria Vero*. Vincenzo di Scala, der ursprünglich aus Neapel stammt, ist extra zum Pizzabacken nach Wien gezogen. In der *Vero* belegt er knusprige Dinkelmehl-Pizza mit frischem Gemüse vom BioHof Adamah und – wenn gewünscht – mit veganem Käse. Da die Pizza aus Sauerteig zubereitet ist, liegt sie nicht so schwer im Magen und lässt noch Platz für Dolci – zum Beispiel eine *Pizza Nutella e Cocco*. Auch Weine, Säfte und Kaffee sind hier biologisch und vegan.

Pretty lights and a colourfully-tiled pizza oven add a splash of colour to Bio-Pizzeria Vero's *otherwise minimalist, modern look. Vincenzo di Scala, who was born in Naples, moved to Vienna just to bake good pizza. At Vero, he tops crispy spelt flour pizza with fresh vegetables from organic farmer Adamah and – if you like – vegan cheese. The pizza is made of sour dough and therefore is easier on the stomach, so you still have some room left for dolci – for example* Pizza Nutella e Cocco. *Wine, juice and coffee is organic and vegan here, too.*

Web: **vero.co.at**
Adresse: **1090, Währinger Gürtel 162**
Tel: **+43 (0)1 3101 179**
Öffnungszeiten: **11.00-15.00 und 18.00-23.00 Mo-Fr**
11.00-23.00 Sa-So

MarctStandl

Organic Groceries, Superfoods & Vegan-Vegetarian Lunch

Marc Schweiger hat vieles ausprobiert – vom Sportwissenschaftstudium über eine Ausbildung im Hotel Sacher bis zur mobilen Crêperie – bevor er das *MarctStandl* am Meidlinger Markt eröffnete. Der vegetarisch-vegane Bioladen bietet nachhaltige Lebensmittel und Superfoods an, die größtenteils direkt von heimischen Bauern bezogen werden. Mittags werden Suppen, Currys, Chutneys und Nachspeisen nach der Fünf-Elemente-Küche zubereitet, die man vor Ort essen oder im Glasbehälter mitnehmen kann. Generell verzichtet das *MarctStandl* auf Plastik und verkauft fast alle Lebensmittel unverpackt in Spendersystemen. Müll adé!

Marc Schweiger has tried many things – from studying sports science, an apprenticeship at Hotel Sacher to a mobile crêperie – before he opened the MarctStandl *at Meidlinger Markt. The vegetarian-vegan wholefood shop offers organic groceries and superfoods, mostly traded directly with local farmers. For lunch, they prepare soups, curries, chutneys, and desserts according to the teaching of the Five Elements, which can be enjoyed in the tiny stall or taken away in a glass container.*

Web: **marctstandl.at**
Adresse: **1120, Meidlinger Markt 59-61**
Tel: **+43 (0)699 1724 8225**
Öffnungszeiten: **9.00-15.00 Di-Mi, 9.00-21.00 Do-Fr**
9.00-16.00 Sa

Das Augustin

Typic Viennese Tavern & Breakfast Favourite

Allein schon wegen des typischen Wiener Beisl Flairs mit einem in die Tage gekommenen Innenleben und einer entspannten Atmosphäre ist das Traditionsgasthaus *Augustin* einen Besuch wert. Katzenliebhaber werden hier ebenfalls glücklich, gibt es doch zwei freilaufende Lokalkatzen. Am Wochenende wird es im *Augustin* richtig voll, wenn sich die junge Szene im *Frühstückssalon* einen ausgiebigen kulinarischen Start in den Tag gönnt: Bis 15.30 Uhr kannst du dann Teller namens *Caorle, Istanbul* oder *Go Vegan* bestellen oder auch vegane Currywurst. Unter der Woche bietet das *Augustin* unterschiedliche Speisen an, viele davon vegan(isierbar). Vergiss nicht, für den *Frühsückssalon* zu reservieren!

A classic Viennese tavern, the Augustin *is well worth a visit because of its typical, rustic interior and relaxed atmosphere. Cat lovers will be happy here, too, because of the two free-roaming cats. On weekends, it gets packed when* Frühstückssalon *is on and many Viennese indulge in the extensive breakfast: Until 3.30pm, you can enjoy plates named* Caorle, Istanbul *or* Go Vegan. *On weekdays, they offer various dishes, including many vegan(isable) options. Don't forget to make a reservation for* Frühstückssalon!

Web: **dasaugustin.at**
Adresse: **1150, Märzstraße 67**
Tel: **+43 (0)1 9821364**
Öffnungszeiten: **16.00-0.30 Mo-Do,16.00-1.30 Fr**
9.30-1.30 Sa, 9.30-0.30 So

Hollerei

Vegan-Vegetarian Restaurant & Gallery

Seit 1999 werden in der *Hollerei* ausschließlich vegetarische und vegane Gerichte serviert. Damals wurde die fleischlose Küche noch von vielen belächelt, doch zum Glück zogen Margit und André Stolzlechner ihr Konzept durch. Vor zwei Jahren eröffneten sie zudem eine Kunstgalerie direkt gegenüber vom Lokal. Die *Hollerei* dient dabei als erweiterter Ausstellungsraum und man kann Bilder wechselnder Künstler betrachten und auch kaufen, während man Kreationen wie gegrillte Birne im Taco mit Räuchertofu und Vogerlsalat, Seitanroulade im Brickteig mit Apfelrotkraut und gegrillte Kräuterseitlinge oder weißes Mohn-Schoko-Mousse kostet.

Since 1999, Hollerei *has served exclusively vegetarian and vegan dishes. Back then, meatless cuisine was sneered at by many, but luckily Margit and André Stolzlechner went through with their concept. Two years ago, they opened a gallery directly opposite their restaurant. The* Hollerei *serves as an extended exhibition room and you can view – and also buy – art while you relish creations like grilled pear in a taco with smoked tofu and corn salad, seitan roulade with apple, red cabbage and roasted king oyster mushrooms, or chocolate poppy seed mousse.*

Web: **hollerei.at**
Adresse: **1150, Hollergasse 9**
Tel: **43 (0)1 8923 356**
Öffnungszeiten: **11.30-23.00 Mo-Sa, 11.30-15.00 So**

Yppenplatz & Brunnenmarkt

Authentic Multicultural Market Food

Der Brunnenmarkt ist im Gegensatz zu den bekannteren Märkten Wiens nicht ausschließlich Kulisse. Hier wird wirklich noch eingekauft, das Markttreiben ist bunt, das Publikum multikulturell, jung und urban. Die Lokale rund um den Yppenplatz bieten ganz unterschiedliche Köstlichkeiten an, von türkischer, orientalischer, italienischer bis zu österreichischer Küche ist alles dabei. Iss (vegane) Pizza im *Dellago,* probier dich durch orientalische Köstlichkeiten im *AN-DO,* und für Frühstück und Kaffee oder abendliche Drinks schaust du am besten auf die Sonnenterrasse des *Wirr am Brunnenmarkt* oder ins hippe *CAY.*

Contrary to Vienna's more well-known markets, Brunnenmarkt does not only serve as a backdrop. People shop for food here, the market bustle is vivid, and the crowd is multicultural, young, and urban. The restaurants around the Yppenplatz offer various delicacies, from Turkish, Middle Eastern, and Italian to Austrian cuisine you can try anything here. Eat (vegan) pizza at Dellago, *try Middle Eastern delights at* AN-DO *and for breakfast and coffee or chilled drinks in the evening, head to the sun deck at* Wirr am Brunnenmarkt *or the hip* CAY.

AN-DO: **1160, Yppenplatz, Stand 169 | ando.at**
CAY: **1160, Payergasse 12/3 | cay-yppenplatz.at**
Dellago: **1160, Payergasse 10 | dellago.at**
Wirr am Brunnenmarkt: **1160, Yppenplatz, Stand 157 | bit.ly/wirrambrunnenmarkt**

Feuerwehr Wagner

Viennese Heuriger Serving Vegetarian Food

In den warmen Monaten entspannen viele Wiener gerne im Heurigen, einer typisch ostösterreichischen Institution, in der selbst angebauter Wein ausgeschenkt wird. Wenn du einen urigen Heurigen erleben willst, dann lohnt sich auf jeden Fall ein Trip in den 19. Bezirk zu *Feuerwehr Wagner*. In dem idyllisch begrünten Hof wird neben Wein auch eine große Auswahl an warmen und kalten Speisen und Snacks angeboten, im Unterschied zu den meisten anderen Weinschenken sind viele davon aber vegan und vegetarisch.

During the warmer summer months, many Viennese like to relax at a Heuriger, a typical Eastern Austrian tavern serving newly produced wine. If you would like to experience such a quaint winery, Feuerwehr Wagner *in the 19th district is definitely worth a trip. Apart from the wine, you get a wide selection of warm and cold meals and snacks in an idyllic, green backyard, but the difference to most other Heuriger is that many of the dishes here are vegetarian or vegan.*

Web: **feuerwehrwagner.at**
Adresse: **1190 , Grinzinger Straße 53**
Tel: **+43 (0)1 1320 2442**
Öffnungszeiten: **16.00-24.00 Mo-So**

Würstelstand Leo

The Vegan Würstelstand Experience

Wer spätnachts unbändige Lust auf Hotdog verspürt, dem sei der *Würstelstand Leo* ans Herz gelegt. Er ist nicht nur der älteste Würstelstand Wiens – 1928 von Leopold Mlynek sen. gegründet und bis heute in Familienbesitz –, sondern man bekommt hier auch vegane Currywurst, veganes Gourmet-Hotdog und die obligatorischen Mannerschnitten. In den 1970er Jahren zählte Kanzler Bruno Kreisky zu den Gästen und auch heute ist der *Leo* ein sozialer Schmelztiegel: Bis 4 Uhr Früh verschlingen hier angetrunkene Studenten Schulter an Schulter mit herausgeputzten Volksopernbesuchern und nachtschichtschiebenden Taxifahrern ihre Käsekrainer.

If you are craving hot dogs early in the morning, we recommend you go to Würstelstand Leo. *Not only is this the oldest sausage stand in Vienna — founded in 1928 by Leopold Mlynek Snr. and family-owned until today —, but you will also get vegan currywurst, vegan gourmet hot dogs, and the mandatory Mannerschnitten here. In the 1970s, chancellor Bruno Kreisky was one of their guests, and today* Leo *is still a social melting pot: Until 4am, drunken students are gulping their sausage here right next to dandified Volksoper visitors and taxi drivers.*

Web: **wuerstelstandleo.at**
Adresse: **1190, Döblinger Gürtel 2**
Tel: **+443 (0)664 6596 085**
Öffnungszeiten: **10.00-4.00 Mo-Sa, 12.00-2.00 So**

Interview Sophia Hoffmann

Vegan Cookbook Author

Wer bist du und was machst du?
Ich lebe in Berlin und bin vegane Köchin und Kochbuchautorin. Ich schreibe Bücher, entwickle Rezepte für Firmen und Magazine, führe einen Blog und einen YouTube Channel. Und ich veranstalte auch eigene Events – die letzten fünf Jahre zum Beispiel ganz viele Dinner Events und Supper Clubs in verschiedenen Städten, auch in Wien.
Du hast eine Zeit lang in Wien gelebt, richtig?
Fünf Jahre lang, ich habe viele Freunde gewonnen und deshalb eine ganz starke Verbindung zu Wien.
Hast du ein Lieblingscafé in Wien?
Puh, das ist schwierig! Vor der Renovierung wäre es das *Café Drechsler* gewesen, das war noch sehr morbid, als ich damals nach Wien gezogen bin. Ich mag das *Café Jelinek* sehr gerne, weil es ein bisschen wie eine Zeitreise ist. Ich mag das *Sperl,* das ist halt sehr traditionell, aber ich mag auch das *Prückel.*
Du magst also eher die traditionellen Kaffeehäuser?
Ja schon, weil das natürlich etwas ganz Einzigartiges ist und auch eine ganz eigene Atmosphäre hat! Man setzt sich hin, liest die Zeitung oder ein Buch und vergisst dabei ein bisschen die Zeit.
Wo gibt's deiner Meinung nach das beste vegane Essen der Stadt?
Die *Veganista*-Eiscreme ist wahnsinnig gut! Das *deli bluem* finde ich auch sehr gut, da schmeckt man, dass sie qualitativ hochwertige Lebensmittel verwenden. Außerdem bin ich ein großer Fan vom *Miznon Vienna.* Ich war auch schon im Hauptrestaurant von Eyal Shani in Tel Aviv und ich find's halt geil, wenn jemand so eine einfache Zutat wie Karfiol nimmt und daraus etwas Großartiges kreiert! Es ist einfach toll, wenn Unternehmen wie das *Miznon* so gut sind, dass es am Ende egal ist, ob sie vegan sind oder nicht – weil sie einfach ein gutes Produkt haben!
Und wenn du mal so richtig ausgedehnt frühstücken willst, wohin gehst du?
Als erstes würde mir jetzt auch das *deli bluem* einfallen. Ganz klassisch ist natürlich der Naschmarkt. Wenn man Lust auf Hummus oder Falafel hat, ist man dort auch mit veganen und vegetarischen Optionen immer gut versorgt.
Hast du eine Lieblingsbar in Wien?
Ich liebe richtig gute Cocktails – und da ist die *Loos Bar* einfach der Klassiker. Einer meiner Lieblings-Cocktails ist auf jeden Fall *Dark'n'Stormy.* Mit gutem Gin Tonic oder Varianten davon, zum Beispiel mit Thymian, kann man mich aber auch immer kriegen.

Please tell us a little bit about yourself. Who are you and what do you do?
I am a vegan chef and cookbook author in Berlin. I write books, come up with recipes for companies and magazines, run a blog and a YouTube channel and cook at events. I also develop gastronomy concepts and host my own events: In the last five years, I have done many dinner events and supper clubs in various cities, including Vienna.
You lived in Vienna for a while, right?
Yes, I lived in Vienna for five years and I still have many friends and a strong connection to Vienna. Originally, I come from Munich and I always wanted to leave and then, one day, I just moved to Vienna, because I fancied it here – there was no reason like studies or love to move here, I just did it because I felt like it.

The coffeehouses are famous the world over.
Which one is your favourite café in Vienna?
Phew, that's a hard one! Before its renovation, it would have been Café Drechsler, *which was very morbid back when I lived in Vienna. I like* Café Jelinek *a lot, because it feels a bit like a journey through time. I like* Café Sperl, *which is very traditional, but I also like* Café Prückel.
So, you prefer the traditional coffeehouses?
Yes, definitely. That's something unique and they have a very special atmosphere: You can sit down and read the paper or a book and forget about time.
Where do you get the best vegan food in Vienna? And can you recommend a dish we should try?
Veganista *ice cream is incredible.* deli bluem *is very good, too, you can taste that they use high-quality ingredients. I am a big fan of* Miznon Vienna. *One and a half years ago, I went to Tel Aviv and visited Eyal Shani's main restaurant, and I think it's pretty awesome when someone takes such a simple ingredient like cauliflower and creates something amazing out of it.* Miznon Vienna *is definitely one of my favourites. It's great when a company is so good that in the end it doesn't matter if they are vegan or not, because they simply offer a good product.*
If you feel like having an extensive breakfast once in a while, where do you head to?
The first thing that comes to mind would also be deli bluem. *The Naschmarkt is definitely a classic. I really enjoy Middle Eastern breakfast, especially when I'm hungover. And when I feel like hummus and falafel, there are always many vegan and vegetarian options.*
What is your favourite bar?
When I go to a bar, I love a great cocktail and for that, Loos Bar *is a classic. One of my favourite cocktails is definitely* Dark'n'Stormy, *but I also fall for a good Gin Tonic or variants of it, like G&T with thyme.*

ISBN 978-3-903070-05-9
Erste Auflage

Text: Barbara Mayer | barbara-mayer.com
Fotos: Sophie Kirchner | phi.500px.com
Grafischer Entwurf: Nina Hiebl | ninahiebl.com
Art Direction, Layout und Produktion: vienna121@me.com

Bildnachweis: Alle Fotos Sophie Kirchner. Außer S. 20/21: Michael Stelzhammer, S. 34/35: Andrea Cislaghi, S. 52/53: Lisa Grabner, S. 64/65: Hannes Jirgal, S. 74/75: Philipp Schönauer, S. 80/81: Christof Wagner, S. 121 unten: Stefan Joham, S. 126/127: Zoe Spawton.

Die Autorinnen danken Madeleine Alizadeh, Max Manavi-Huber und Sophia Hoffmann für ihre Interviews, Nina Hiebl, Carly Stevens, Veronika Bondarenko und Lilly Maier – *and all the lovely people who supported us, believed in this project and kept us going.*

Druck: Alföldi, Debrecen
Printed in the EU

Wundergarten Verlag
Sabine Maier
Phorusgasse 7
1040 Wien
www.wundergarten.at